I0035314

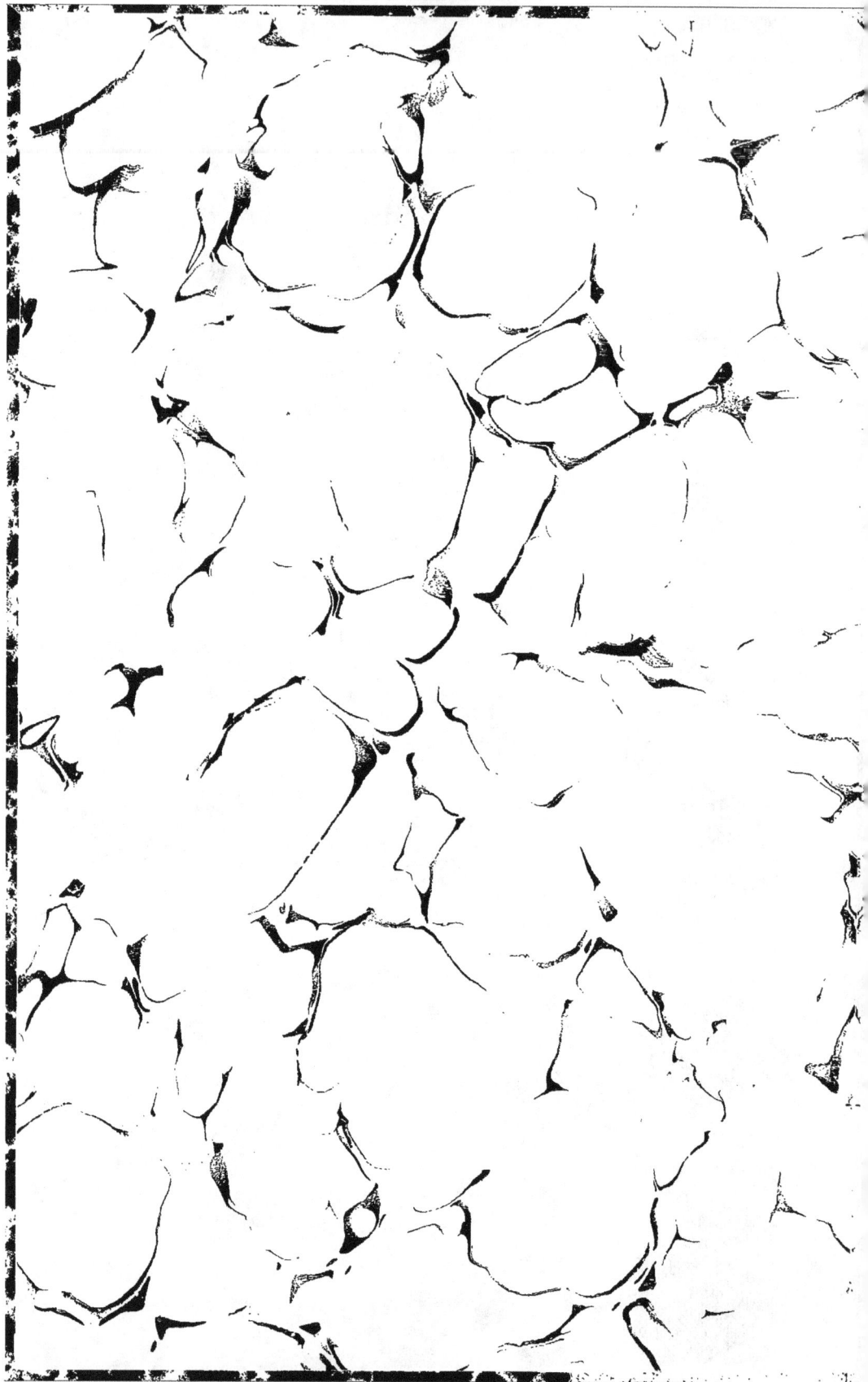

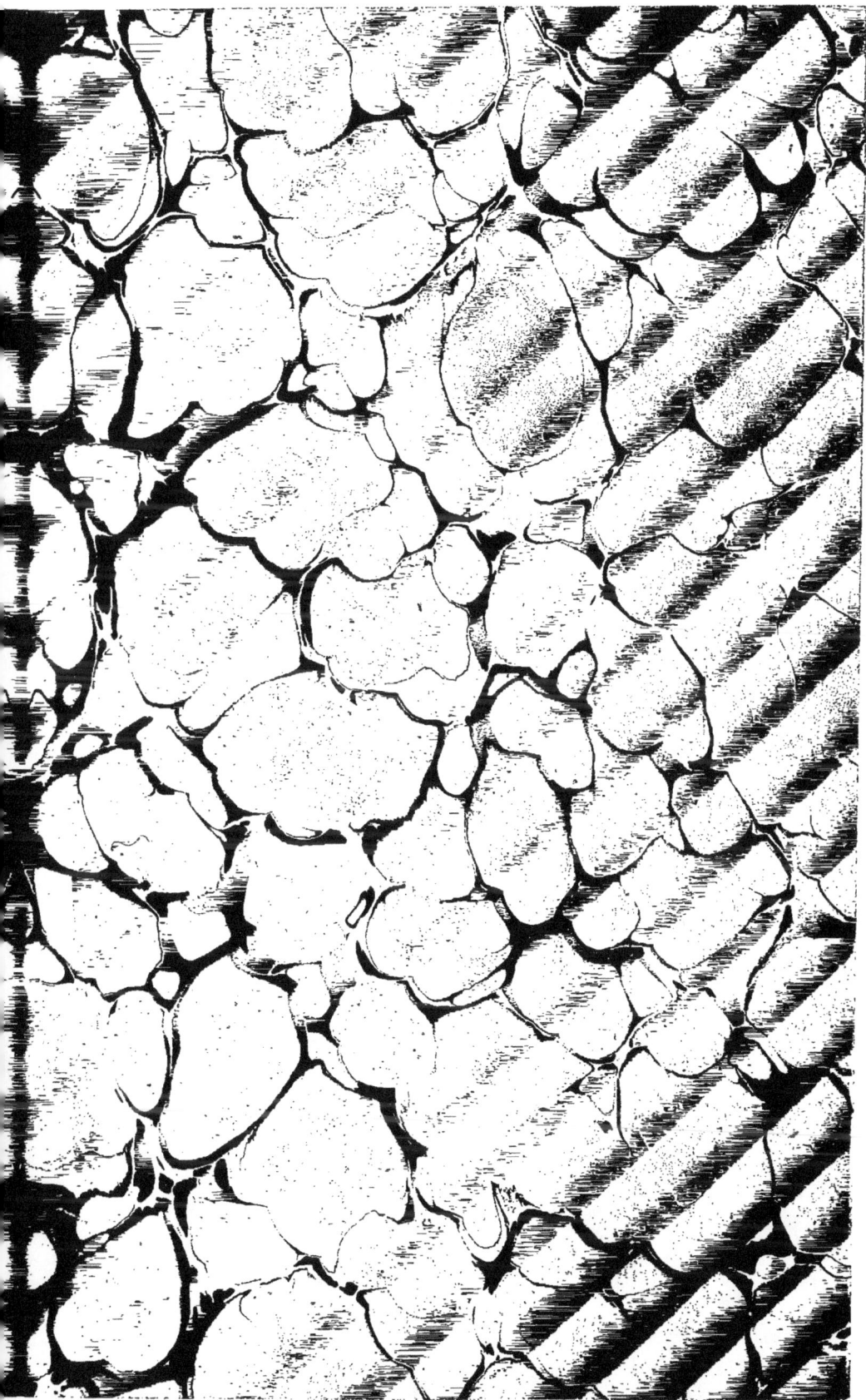

ALCONETTI

FACULTÉ DE DROIT DE POITIERS.

DE

L'ACTION PRO SOCIO

EN DROIT ROMAIN

DES OBLIGATIONS ET DES DROITS

DES ACTIONNAIRES

DANS LES SOCIÉTÉS EN COMMANDITE ET ANONYMES

EN DROIT FRANÇAIS

THÈSE POUR LE DOCTORAT

SOUTENUE LE 9 JUILLET 1869 A 2 HEURES DU SOIR,

Par Albin THÉZARD,

AVOCAT.

POITIERS

HENRI OUDIN, IMPRIMEUR-LIBRAIRE

RUE DE L'EPERON, 4.

1869

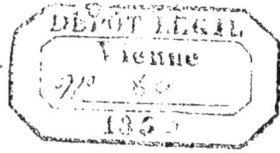

FACULTÉ DE DROIT DE POITIERS.

DE

L'ACTION PRO SOCIO

EN DROIT ROMAIN

DES OBLIGATIONS ET DES DROITS

DES ACTIONNAIRES

DANS LES SOCIÉTÉS EN COMMANDITE ET ANONYMES

EN DROIT FRANÇAIS.

THÈSE POUR LE DOCTORAT

SOUTENUE LE 9 JUILLET 1869 A 2 HEURES DU SOIR .

Par Albin THÉZARD,

AVOCAT.

POITIERS

HENRI OUDIN, IMPRIMEUR LIBRAIRE

RUE DE L'EPERON, 4.

1869

COMMISSION.

Président, M. LEPETIT ✳.

Suffragants :

M. RAGON.
M. Martial PERVINQUIÈRE. } Professeurs.
M. BAUDRY LACANTINERIE.

M. DELOYNES. Agrégé.

(6)

A LA MÉMOIRE DE MA MÈRE.

—

A MON PÈRE.

—

A MON FRÈRE.

—

A TOUS CEUX QUE J'AIME.

DROIT ROMAIN.

DE L'ACTION *PRO SOCIO.*

L'action *pro socio* résulte du contrat de société. Nous nous occuperons de cette action en elle-même, sans examiner ni les conditions de formation de la société, ni les diverses espèces dont elle est susceptible, ni ses règles d'administration, ni enfin ses causes de dissolution. Nous rechercherons : 1º d'où naît l'action *pro socio*; 2º entre quelles personnes elle est donnée ; 3º quels en sont les caractères et l'objet ; 4º quelle est l'étendue du bénéfice de compétence accordé entre associés ; 5º quelles sont les règles du concours de l'action *pro socio* avec d'autres actions.

I. — D'OU NAIT L'ACTION *pro socio.*

La condition essentielle pour que l'action *pro socio* prenne naissance, c'est qu'il y ait un contrat de société. Il ne suffirait pas qu'une communauté d'intérêts eût existé entre deux ou plusieurs personnes : ce qui arrive, par exemple, dans le cas où elles sont appelées ensemble à un legs ou à une hérédité, et dans celui où elles ont acheté en commun un objet, mais sans entendre contracter une société. Dans tous ces cas, il y a une indivision (*communio*), qui peut donner lieu à un partage et à des comptes entre les parties, mais alors on

1

devra se pourvoir par l'action *familiæ erciscundæ* ou *communi dividundo*. C'est ordinairement par l'action *communi dividundo* que pourra être poursuivi le pupille, qui se sera trouvé en communauté d'intérêt avec une autre personne ; incapable de s'obliger contractuellement sans l'*auctoritas tutoris*, il sera toujours tenu *quasi ex contractu* par le fait de l'indivision. (L. 32, 33 et 34, D. *Pro socio.*)

Une des circonstances où il importe le plus de savoir s'il y a société ou simplement *res communiter gesta*, est celle où plusieurs individus ont contracté une même obligation corréale. S'ils ne sont pas associés, celui d'entre eux qui paie l'intégralité de la dette ne peut pas exercer de recours contre les autres. Il n'a ni l'action *pro socio*, ni l'action *communi dividundo*, puisqu'il n'y a pas d'objet à partager. Si, au contraire, ils sont associés, celui qui paie a l'action *pro socio*. Comme conséquence, s'ils ne sont pas associés, le pacte *de non petendo* fait avec l'un d'entre eux ne peut pas être invoqué par les autres. Mais s'ils sont associés, ce pacte pourra être invoqué, et voici pourquoi : si le débiteur étranger au pacte pouvait être poursuivi par le créancier, il aurait son recours *pro socio* contre celui qui aurait fait le pacte, et celui-ci perdrait par conséquent dans une certaine mesure le bénéfice du pacte. C'est pour empêcher ce résultat, et, pour que le pacte profite à celui qui l'a fait, qu'on donne à l'autre débiteur le droit de l'invoquer.

Les débiteurs corréaux non associés sont donc dans une situation assez singulière ; selon qu'il plaît au créancier de poursuivre l'un d'entre eux, celui-là seul qui est poursuivi est obligé de payer la dette sans recours. Mais la jurisprudence avait fini par venir au secours des débiteurs corréaux en leur donnant le bénéfice de *cession d'actions*, et certains jurisconsultes leur accordaient même le bénéfice de *division*.

De même, entre plusieurs créanciers corréaux, il fallait distinguer s'ils étaient ou non associés, pour savoir si le premier qui recevait le payement, ou qui poursuivait le débiteur, et qui épuisait ainsi le droit de tous, devait en communiquer le bénéfice aux autres créanciers. Un cas assez remarquable de créanciers corréaux sans société est celui de deux légataires institués en ces termes : *Hœres meus damnas esto dare Seio aut Titio centum.*

Quelquefois le contrat intervenu entre les parties peut être d'une nature équivoque, se rapprochant de la société, mais aussi de certains autres contrats. Dans de semblables cas, tantôt les textes s'en rapportent à l'intention des parties, pour savoir s'il y a lieu à l'action *pro socio*, tantôt ils donnent le choix entre cette action et une autre.

Un exemple de la première espèce se trouve dans la loi 44 D. h. t. « *Si margarita tibi vendenda dedero, ut si ea decem vendidisses, redderes mihi decem, si pluris, quod excedit tu haberes, mihi videtur, si animo contrahendœ societatis id actum sit, pro socio esse actionem, si minus, prœscriptis verbis.* » Le contrat ainsi intervenu est donc, selon l'intention des parties, ou une société, ou un contrat innommé.

Un exemple d'option possible entre deux actions est donné par la loi 69 D. h. t., texte très-obscur, qui a beaucoup embarrassé les commentateurs. En voici les termes :

*Quum societas ad emendum coiretur, et conveniret, ut
unus reliquis nundinas, id est epulas præstaret, eosque a
negotio dimitteret, si eas eis non solverit, et pro socio, et
ex vendito, cum eo agendum est.*

Cujas a proposé l'explication suivante : il substitue aux
mots *eos a negotio dimitteret* ceux-ci : *eos ad negotium
dimitteret*, et il interprète le texte ainsi : Une Société
ayant été contractée pour acheter, il a été convenu que
l'un des associés rembourserait aux autres les sommes
payées pour vin du marché ou pot-de-vin (*epulæ*), et les
enverrait traiter l'affaire avec le vendeur. Ceux-ci ayant
fait l'opération, il n'a pas payé les *epulæ* promises. Alors
ils ont contre lui l'action *pro socio*. Quant à l'action
venditi, également donnée contre lui, ce n'est pas à eux
qu'elle appartient, mais au vendeur. Celui-ci peut
l'exercer non-seulement contre ceux qui ont traité directement avec lui, mais contre celui qui les a chargés de
traiter (L. 13, § 25. D., *de actionibus empti et venditi*).

Pothier, à son tour, établit ainsi l'hypothèse du texte :
Trois marchands, deux anciens et expérimentés, le troisième novice, ont fait une société pour acheter quelque
marchandise. Les anciens sont convenus avec le plus jeune
que celui-ci les défraierait de tout ce qui serait payé pour
vin de marché. On peut même, ajoute-t-il, entendre le
mot *epulæ* de toutes les dépenses de bouche qui seraient
faites à l'occasion de ce marché, et il a été convenu que
le plus jeune prendrait sur lui toutes ces dépenses et en
rendrait les autres quittes, *ceteros a negotio dimitteret.*
Les trois associés ont acheté la marchandise et ont promis
au vendeur une certaine somme à titre de vin de marché
(*epulæ*). Les deux anciens ont payé cette somme, et la loi

leur accorde, pour la répéter contre le troisième, à la fois l'action *pro socio* de leur chef, et l'action *ex vendito* qui est censée leur être cédée par le vendeur.

Ces deux explications supposent des hypothèses compliquées et invraisemblables. Aussi préférons-nous l'explication donnée par Glück et admise par Molitor. (Obligations n° 663.) Une société a été contractée pour faire un achat, et il a été convenu que l'un des associés, en payant aux autres le marché, c'est-à-dire les dépenses d'auberge et autres frais de nourriture ou de voyage, pourrait prendre l'opération pour son compte exclusif (*eos a negotio dimitteret*). Alors, s'il ne leur rembourse pas ces dépenses, ils pourront agir contre lui et *pro socio* et *ex vendito*. Ils pourront agir *pro socio*, car le principe de l'opération est un contrat de société ; *ex vendito*, car en cédant à leur associé leur droit au marché, moyennant le remboursement de leurs dépenses, ils ont fait une sorte de vente.

II. — Entre quelles personnes a lieu l'action *pro socio*.

Par l'action *pro socio*, un associé seul peut agir en règle générale. Elle ne peut non plus être donnée que contre un associé. Cependant l'action appartient aux héritiers des associés et elle existe contre eux. Bien que la société se dissolve par la mort d'un de ses membres, les obligations actives et passives de celui-ci se transmettent à ses successeurs.

Les héritiers pourraient même exercer l'action *pro socio* ou y être soumis à raison de leur fait personnel, s'ils avaient continué des opérations de la société déjà en cours d'exécution. Mais s'ils avaient commencé de nouvelles opérations communes avec les autres associés, ils ne pourraient pas être tenus par l'action *pro socio*, mais seulement par l'action *communi dividundo*. Il pourrait cependant se faire que, par le consentement exprès ou tacite des parties, une nouvelle société se fût formée entre les associés survivants et les héritiers du prédécédé. Cette nouvelle société donnerait naturellement lieu à l'action *pro socio* ; et une seule action suffirait même à régler les résultats, et de la société qui a été dissoute par la mort d'un de ses associés et de celle qui s'est reformée ensuite avec ses héritiers. (L. 52, § 14. D., h. t.)

Dans le cas où un esclave ou un fils de famille s'est mis en société par l'ordre de son maître ou de son père, ceux-ci peuvent être poursuivis par l'action *quod jussu*. (L. 84. D., h. t.) S'ils n'avaient pas donné l'ordre formel, ils pourraient être poursuivis, selon les cas, par les actions institoire, exercitoire, tributoire, et *de peculio* ou *de in rem verso*.

III. — CARACTÈRES ET OBJETS DE L'ACTION *pro socio*.

L'action *pro socio* est *in personam* ; elle est *civilis, rei persequendæ causa*, et par la réunion de ces deux dernières qualités elle est perpétuelle. Elle est de bonne foi : par conséquent, l'exception de dol y est sous-entendue, et le juge peut y opérer toutes les compensations opposables par le défendeur, et en particulier celles qui résultent du contrat lui-même. Il peut arriver, par suite de ces compensations, que le demandeur soit complétement renvoyé de sa demande. Mais il ne peut pas être condamné envers le défendeur, car l'action *pro socio* n'est pas, comme l'action *communi dividundo, mixta* ou *duplex*.

Le défendeur devra donc former à son tour l'action, pour obtenir une condamnation, s'il lui reste dû quelque chose.

Examinons maintenant l'objet de l'action *pro socio*. Cet objet peut être de diverses natures, selon que la société existe encore ou est dissoute. Si la société existe encore, l'action peut être formée soit pour forcer un associé à faire l'apport qu'il a promis, soit pour obtenir de lui qu'il communique à ses coassociés le bénéfice des opérations déjà faites ou les laisse jouir des choses communes.

Après la dissolution de la société, l'action peut être exercée : 1° pour faire rapporter par l'associé défendeur ce qu'il doit à la société ; 2° pour lui faire payer le dommage causé aux choses de la société ; 3° pour faire indemniser l'associé demandeur des dépenses qu'il a faites, des engagements qu'il a pris, et des dommages qu'il a éprouvés dans l'intérêt de la société.

L'exercice de l'action *pro socio* pendant la durée de la société apparaît comme exceptionnel dans les textes, et il n'en est pas même question pour forcer l'associé à réaliser sa mise.

Cela tient sans doute à ce que, sauf dans la société *omnium bonorum* ou *omnium quæ ex quæstu veniunt*, les associés réalisaient immédiatement leur mise en entier. Il n'y avait donc plus à s'en préoccuper. Cependant, il est évident que, le cas échéant, l'action *pro socio* pouvait être exercée dans ce but. Et alors on pouvait exiger non-seulement l'objet lui-même, mais les fruits (L. 38 § 9. D. *De usuris*) ; et s'il s'agissait d'une somme d'argent, les intérêts : *Usuræ vicem fructuum obtinent.* (L. 34, D. eod. tit.) Si la chose promise par l'un des associés venait à périr par cas fortuit, il serait naturellemement libéré quant à cette chose; mais la perte de la chose retomberait néanmoins sur lui, parce que la société ne produirait pas son effet, tandis qu'en matière de vente, le vendeur dont la chose a péri avant la livraison est libéré de toute obligation et conserve néanmoins le droit d'exiger le prix ; au contraire, en matière de société, la perte de la chose promise par l'un des associés, si elle a lieu avant la livraison, ou même avant le commencement des opérations sociales, fait considérer que la société n'a jamais existé. La loi 58 D. h. t. consacre formellement cette règle : si deux personnes se sont engagées à mettre en commun, l'une trois chevaux, et l'autre un quatrième, pour revendre l'attelage complet, et que le cheval unique promis par le second associé vienne à périr, avant d'avoir été mis en commun ou même après, mais avant que la vente ait eu lieu, il n'y a pas de société, et le propriétaire du cheval en supporte la perte. Cette décision peut paraître contraire au principe que la société se forme par le seul consentement. Mais le point de vue des jurisconsultes romains paraît être celui-ci : les associés sont obligés *solo consensu*, mais d'une façon en quelque sorte conditionnelle. La société n'est définitivement constituée, à l'égard des choses, que par les opérations faites ou commencées en commun. Jusque-là *non adhuc socii sumus.* Telle paraît avoir été aussi la manière de voir des rédacteurs du Code Napoléon, dans l'art. 1867.

L'action *pro socio* peut être donnée pendant le courant de la société, pour le partage des bénéfices déjà réalisés.

C'est ce qui a lieu, par exemple, dans la société *vectiga-lium* (L. 65, § 15 D. h. t.) Elle peut également être exer-cée pour obtenir la jouissance d'une chose commune. La loi 52 § 13 le décide, en ce qui concerne le mur mitoyen.

Si l'action *pro socio* se produit ainsi quelquefois au cours de la société, elle s'applique surtout, avons-nous dit, après la dissolution.

Dans ce cas, son principal objet est de forcer les associés qui détiennent des sommes ou des choses dépendant de la société à les communiquer aux autres associés. En pareil cas, l'associé auquel sa part est due ne doit pas former indistinctement son action contre tous ses coassociés, mais seulement contre celui ou ceux qui détiennent plus que leur part des sommes communes. (L. 65 § 14. D. h. t.) La liquidation se fait ainsi par une série d'actions isolées.

Pour établir si quelqu'un des associés détient plus que sa part, soit dans les choses communes, soit dans le gain qu'on se proposait, il faut d'abord être fixé sur le rè-glement des parts. En principe, les parts doivent être égales, sauf convention contraire : *si non fuerint partes societati adjectæ, æquas eas esse constat.* Certains auteurs ont prétendu que le mot *æquas* ne signifiait pas égales, mais proportionnelles à la mise. Cette interprétation est contraire au sens naturel des mots ; et de plus les juris-consultes romains paraissent s'être fondés sur cette pré-somption que les apports doivent toujours être considé-rés comme égaux, l'associé qui apporte le moins en ar-gent étant censé apporter plus d'industrie et de soins à la chose commune. *Societas autem coiri potest*, dit la loi 5 § 1, *et valet etiam inter eos qui non sunt æquis faculta-tibus, quum plerumque pauperior opera suppleat, quan-*

tum ei per comparationem patrimonii deest. Ce texte ne
peut avoir de sens que si on suppose un partage égal
malgré l'inégalité des mises. Mais ce n'est là qu'une pré-
somption : les conventions des parties peuvent, nous l'avons
dit, établir des parts différentes ; elles peuvent aussi
établir que le partage se fera *ex boni viri arbitrio*, et
alors le juge devra établir les parts proportionnellement
aux apports de chacun, *ex bona fide*. Si les associés sont
convenus que leurs parts seraient réglées par un tiers
déterminé, on devra suivre le jugement de ce tiers ; si
cependant son avis était manifestement contraire à l'é-
quité, le juge pourrait le corriger, l'action étant essentiellement de bonne foi (L. 76 à 80. D. h. t.). Peut-être
serait-on autorisé à conclure de là qu'en l'absence même
de toute convention formelle, le juge pourrait établir des
parts inégales entre les associés, si l'égalité était manifestement contraire à la justice. Le principe d'égalité
n'est qu'une règle générale, subordonnée d'ailleurs au
caractère de l'action *bonæ fidei*.

De ce que les associés doivent se communiquer les bénéfices, résulte la conséquence suivante : si l'un des associés a poursuivi un débiteur commun pour sa part et a
obtenu payement, mais que les autres n'aient pas pu se
faire payer du même débiteur devenu insolvable, cet
associé sera obligé, par l'action *pro socio*, à leur faire part
de la somme qu'il a reçue : *ut utriusque portio exæque-
tur.* (L. 63, § 5 D. h. t.)

Le second objet de l'action *pro socio*, c'est la réparation
du dommage que l'associé a causé aux choses communes.
L'associé *præstat dolum et culpam* : c'est dire qu'il est
responsable de la faute même légère. Cependant cette

faute même légère s'apprécie *in concreto* : *Culpa autem*, disent les Institutes (*De Societate*, § 9), *non ad exactissimam diligentiam dirigenda est ; sufficit enim talem diligentiam in communibus rebus adhibere socium, qualem suis rebus adhibere solet. Nam qui parum diligentem socium sibi adsumit, de se queri, hoc est sibi imputare debet.* — La raison que donnent ici les Institutes n'est peut-être pas suffisante, car elle s'appliquerait à d'autres contrats où cependant la faute légère s'apprécie *in abstracto.* Mais on peut ajouter cette double raison : 1° que l'associé a eu un juste motif de s'occuper des affaires sociales, y étant lui-même intéressé : *Rem quasi suam neglexit* ; 2° qu'il existe entre associés une sorte de fraternité qui doit empêcher une rigueur excessive : *res non sunt amare tractandæ.*

Il y a des cas où la faute semble cependant devoir s'apprécier *in abstracto.* Ce sera quand l'un des associés aura spécialement promis son industrie et n'aura pas apporté d'argent, car alors un exercice attentif de cette industrie est la condition de son droit d'associé. Telle est l'idée que semblent exprimer ces termes obscurs de la loi 52, § 2 : *Pretium enim operæ artis est velamentum* ou *levamentum.*

Il n'y a pas, du reste, à considérer si la faute consiste *in omittendo* ou *in committendo.* Dans les contrats de bonne foi, l'omission est appréciée comme la faute positive.

Dans les hypothèses précédentes, nous voyons l'associé tenu de l'action *pro socio*, à raison des valeurs qu'il a prises dans la société ou du préjudice qu'il a causé. Mais, en revanche, l'associé peut réclamer contre ses coassociés les dépenses qu'il a faites pour la société, le montant des obligations qu'il a contractées pour celle-ci, et celui des pertes que lui a causées l'administration.

L'associé peut réclamer toutes les sommes déboursées pendant le cours de la société, telles que le prix des réparations faites à la chose commune, les frais de voyage nécessités par les affaires de la société, le prix d'achat qu'il peut avoir déboursé. S'il a fait des dépenses pour la conservation des choses communes après la dissolution de la société, il pourra les obtenir, non par l'action *pro socio*, mais par l'action *communi dividundo*. L'associé ne peut, d'ailleurs, prétendre à une indemnité que pour les sommes ou les choses qu'il a matériellement fournies pour la société. Il ne peut pas réclamer un salaire pour les soins qu'il a donnés aux affaires sociales, car ces soins rentrent dans ses obligations d'associé. Si même il a causé un dommage par sa faute à la société, il ne pourra pas faire venir en compensation les bénéfices qu'il aurait procurés par son industrie particulière : ces bénéfices reviennent naturellement à la société, et il serait tenu de les communiquer, lors même qu'il n'aurait commis aucune faute.

L'associé peut réclamer une indemnité pour les engagements qu'il a pris envers des tiers dans l'intérêt de la société. Cependant l'indemnité ne consistera pas à lui payer immédiatement la somme pour laquelle il s'est engagé. Mais le juge devra forcer les coassociés à lui répondre (*cavere*) qu'ils le protégeront contre les poursuites du créancier, soit en le payant, soit en intervenant dans l'instance comme *defensores*. (L. 27 et 28. D., h. t.) On doit procéder de la même façon toutes les fois qu'il y a

une perte ou un gain encore en suspens, et qui dépend
de la société. (L. 38. D., h. t.) Ainsi, par exemple, l'associé qui aurait stipulé d'un tiers une somme d'argent à
raison d'une affaire de la société et qui ne serait pas
encore payé lors de la dissolution, serait tenu par l'action
pro socio, non pas à rembourser immédiatement la somme,
mais à en répondre vis-à-vis de ses associés, ou à leur
céder ses actions. Dans toutes ces hypothèses, la promesse
à fournir, *cautio*, ou la cession d'actions doit avoir lieu,
bien entendu, déduction faite de la part de l'associé qui
a contracté. Quand une garantie est donnée, elle peut
consister, soit dans une simple promesse personnelle,
soit dans une promesse avec adjonction d'un fidéjusseur
(*satisdatio*).

Enfin, l'associé a droit à se faire indemniser de tous les
dommages qu'il a éprouvés à l'occasion des affaires sociales. Cependant la question avait été controversée entre
les jurisconsultes romains. En supposant qu'un associé
eût été blessé, en voulant empêcher la fuite d'une troupe
d'esclaves qu'il venait d'acheter pour la société, Labéon
lui refusait l'action *pro socio* à l'effet de se faire rembourser les frais de sa maladie. Pomponius, dans la loi
60 §1 D. h. t., rapporte son opinion sans la contredire. En
effet, dit-il, les dépenses de maladie ont été faites à cause
de la société, mais non pour la société; il ne lui est pas
dû d'indemnité, pas plus que si, en s'occupant des affaires de la société, il avait perdu les bonnes grâces d'une
personne qui se proposait de l'instituer héritier ou légataire. De même réciproquement, il ne devrait rien à la
société, si une personne l'avait fait son héritier ou son
légataire, en considération de sa qualité d'associé. En som-

me, dans cette opinion, il n'est dû compte ni des gains, ni des pertes dont la société est simplement l'occasion. Mais une opinion contraire, pour le cas de l'associé blessé au service de la société, fut admise par Julien et par Ulpien (L. 61 D. h. t.)

Le principe général fut ainsi formulé : *sicuti lucrum, ita damnum quoque commune esse oportet quod non culpa socii contingit* (L. 52, 54. D. h. t.). Une application de cette doctrine est encore donnée dans l'hypothèse suivante : un associé, en allant acheter des marchandises dans l'intérêt commun, est surpris par des brigands. Ils lui volent son propre argent et blessent ses esclaves. La société lui devra compte de l'argent perdu et des frais de maladie des esclaves.

En somme, grâce à l'action *pro socio*, chaque associé prélève sur les valeurs communes les sommes qui lui sont dues ; il tient compte de celles qu'il a touchées et du dommage qu'il a causé à la société, et le partage définitif du gain ou de la perte se fait par égales portions ou selon les conventions des parties. Celui qui détient un excédant peut seul en principe être poursuivi. Mais si l'un des associés qui se trouverait, suivant ces règles, débiteur de l'autre, est devenu insolvable, son insolvabilité doit être supportée par les autres, selon leurs droits : car c'est là une perte commune qui ne peut pas être mise à la charge d'un seul (L. 67 D. h. t.).

Dans l'action *pro socio*, telle que nous venons de l'étudier, les associés se doivent-ils respectivement les intérêts ? Une règle générale à l'égard des actions de bonne foi consiste à laisser aux juges un très-large pouvoir d'appréciation sur la question des intérêts : dans la loi 7 D.

de negotiis gestis, il est dit à propos des intérêts : *Tan-*
tumdem in bonœ fidei judiciis officium judicis valet quan-
tum in stipulatione nominatim ejus rei facta interrogatio.

Les intérêts courront donc lorsqu'une clause formelle
aura été insérée à cet effet dans le contrat ; ils courront
également lorsque l'associé débiteur sera en demeure de
payer. Ainsi, d'après la loi 60 D. h. t., l'associé qui a re-
tiré un gain de la société, et qui s'est servi de l'argent
gagné, ou qui s'est trouvé en demeure d'en faire part à
ses associés, leur en doit les intérêts. Le jurisconsulte dit,
il est vrai, qu'il ne les doit pas précisément à titre d'intérêts (*usurœ*), mais à titre de dédommagement pour le
préjudice souffert par la société. Les intérêts ne seront
pas dus si l'associé n'est pas en demeure et s'il ne s'est
servi de l'argent pour son usage personnel.

Mais si l'associé détenteur d'une somme appartenant à
la société, au lieu de l'employer directement à son usage
personnel, la place à intérêt, doit-il compte à la société
du bénéfice qu'il fait ainsi ? L'analogie semblerait com-
mander une réponse affirmative. Cependant Paul, dans la
loi 67 §1, D. h. t., fait une distinction : s'il s'agit d'une
société *omnium bonorum*, l'associé doit naturellement
compte de ces intérêts, car tout ce qu'il acquiert à quelque titre que ce soit doit être mis en commun. S'il s'agit
d'une société particulière, il en sera encore de même
lorsque l'associé aura prêté l'argent au nom de la société ;
mais s'il a prêté en son nom personnel, il a pris à ses risques et périls le montant du capital, et en est responsable envers ses coassociés, même si le débiteur devient
insolvable. Or *ubi est periculum rei, ibi et commodum esse*
debet. Il doit donc garder les intérêts qu'il retire du prêt.

De même que l'associé peut devoir les intérêts des sommes qu'il a prises dans la société, de même il a droit aux intérêts des sommes qu'il a dépensées *de suo* dans l'intérêt de cette même société. La loi 67 § 2 accorde ces intérêts sans difficulté, lorsque l'associé a été lui-même obligé d'emprunter à intérêt les sommes qu'il a mises dans la société ; mais elle semble lui reconnaître aussi ce droit s'il y a mis son propre argent, car il aurait pu le placer à intérêt : il doit donc être indemnisé du gain dont il se prive en faveur de la société.

IV. — DU BÉNÉFICE DE COMPÉTENCE ACCORDÉ ENTRE ASSOCIÉS.

Certaines personnes jouissaient, en droit romain, d'un bénéfice particulier consistant à être condamnées seulement *in id quod facere possint* ; c'est ce que les commentateurs ont appelé bénéfice de compétence. Ce bénéfice était accordé particulièrement aux associés. Cependant il paraît y avoir une divergence entre les textes. Dans la loi 63 D. h. t., tirée du livre xxxi du Commentaire d'Ulpien sur l'Edit, on lit : *Verum est quod Sabino videtur, etiamsi non universorum bonorum socii sunt, sed unius rei, attamen in id quod facere possunt, quodve dolo malo fecerint quominus possint, condemnari oportere. Hoc enim summam rationem habet, quum societas jus quodammodo fraternitatis in se habeat.* Au contraire, la loi 16 D. *de re judicata*, tirée du livre lxiii du même commentaire d'Ulpien, énumérant les personnes qui jouissent du bénéfice de compétence, s'exprime ainsi : *Qui pro socio conveniuntur : socium autem omnium bonorum accipiendum est.* Quelle est celle des deux solutions qu'il faut préférer ?

La dernière, plus rigoureuse, semble être l'opinion définitive d'Ulpien, et en effet ce lien de fraternité dont il parle existe surtout dans la société *omnium bonorum*. Les autres peuvent n'être que des spéculations où chacun cherche son propre intérêt. Dans tous les cas, ce bénéfice de compétence étant accordé aux associés par le préteur *causa cognita* (L. 22, § 1 D. *De re judicata*), on peut croire que le magistrat pouvait user de son pouvoir d'appréciation pour examiner le véritable caractère des relations entre associés et voir s'il y avait lieu d'accorder le bénéfice.

D'après les termes explicites de cette loi 22, la *causæ cognitio* consistait surtout à examiner si l'associé niait l'existence de la société, ou était obligé par suite de son dol. Dans l'un et dans l'autre cas, le bénéfice lui était refusé.

Le bénéfice de compétence était complétement personnel à l'associé, comme en général à toutes les personnes qui en jouissaient. Il ne passait donc pas aux héritiers de l'associé. (L. 25. D., *de re judicata*.) Si la société avait été contractée par un fils de famille ou un esclave, par ordre du père ou du maître, ceux-ci ne jouissaient pas non plus du bénéfice (L. 63, § 2. D., h. t.). Il était également refusé au fidéjusseur de l'un des associés, à moins qu'il ne soutînt l'instance comme *defensor* de l'associé lui-même. (L. 63, § 1. D., h. t.)

Mais faut-il admettre les conséquences réciproques de cette personnalité du bénéfice de compétence? Ne doit-il être accordé que si le demandeur est lui-même un associé? Faut-il au contraire l'étendre au cas où c'est un héritier de l'associé ou un cessionnaire? Le donateur, d'après la loi 41 D., *de re judicata*, ne jouit du bénéfice de compétence que vis-à-vis du donataire, mais non vis-à-vis du tiers auquel celui-ci aurait délégué son droit. Cette solution peut être étendue par analogie aux associés.

Le bénéfice de compétence est refusé à l'associé, nous l'avons vu, s'il nie sa qualité d'associé, ou s'il est obligé par suite de son dol. Il en est de même s'il s'est rendu insolvable par son dol. Mais, en dehors de ces cas, il devra toujours jouir du bénéfice, qu'il soit poursuivi par l'action *pro socio* ou par toute autre action se rattachant aux faits de la société : c'est en effet sa qualité d'associé et non la formule de l'action qu'il faut considérer. Ainsi, quand l'associé aura causé un dommage à des objets communs, il pourra opposer le bénéfice de compétence, même à l'action *legis Aquiliæ*, du moins s'il y a seulement faute et non dol de sa part. De même, si l'associé s'est laissé condamner *in solidum* sur l'action *pro socio*, il pourra, lors de l'action *judicati*, réclamer le bénéfice de compétence. Ces deux solutions sont explicitement données en faveur du donateur.(L. 41, § 2, D., *de re judicata*. — L. 33, Pr. D., *de donationibus*) : *causam enim et originem constitutæ pecuniæ, non judicii potestatem prævalere placuit.* Il faut considérer le principe de l'obligation plutôt que le caractère de l'action.

Reste une dernière question à examiner : comment doit-on calculer, pour établir les facultés de l'associé (*id quod facere potest*)? Pour l'application du bénéfice de compétence, tantôt on prend l'actif brut du débiteur, tantôt l'actif net, déduction faite de ce qu'il doit à d'autres personnes. Ce dernier mode de calculer, plus avantageux au débiteur, n'est pas applicable à l'associé (L. 63, §.3). On ne doit déduire sur son actif que les dettes provenant de la société elle-même. On détermine ainsi, au jour du jugement, le montant des biens de l'associé, jusqu'à concurrence duquel il peut être condamné. Il faut également tenir compte des biens dont il s'est dépouillé par dol et les considérer comme s'il les avait encore. Mais il ne faut tenir compte ni de ceux qu'il a perdus par sa faute, ni de ceux qu'il a négligé d'acquérir, même par dol. Les termes de l'édit sont en effet : *quod dolo fecisti ut desineres possidere.*

Dans le cas où l'associé use du bénéfice de compétence, il doit promettre par stipulation de payer le surplus, si l'augmentation de son patrimoine le permet plus tard. Cette promesse est faite sans accession de fidéjusseur (*nuda promissio*). Elle est d'ailleurs nécessaire pour qu'on puisse agir ultérieurement, car l'effet de l'action *pro socio* est épuisé par la *litis contestatio.*

V. — CONCOURS DE L'ACTION *pro socio* AVEC D'AUTRES ACTIONS.

On voit souvent, en droit romain, un même fait donner lieu à deux ou plusieurs actions différentes. Dans le cas de société, le concours des actions est assez fréquent. Si, par exemple, un des associés a détérioré par dol ou par faute une chose appartenant à la société, il est tenu, en vertu du contrat, par l'action *pro socio*. Il est en outre tenu, comme le serait toute autre personne, par l'action de la loi Aquilia. Mais le concours des actions est tantôt électif, tantôt cumulatif : électif quand on a le choix entre les deux actions, mais qu'après avoir exercé l'une on ne peut plus intenter l'autre ; cumulatif quand on peut exercer successivement les deux actions et en obtenir le montant.

Pour déterminer si le concours des actions a l'un ou l'autre caractère, il faut considérer si ces actions sont pénales, ou *rei persequendæ causa*, ou mixtes. Les actions *rei persequendæ causa* n'ont pour but que de rendre l'une des parties indemne vis-à-vis de l'autre. Aussi ne se cumulent-elles pas : *altera alteram tollit*. Si cependant l'une des actions est plus large que l'autre, on peut, après avoir exercé la moins large, intenter l'autre, *in id quod pluris interest*. Quant aux actions pénales, elles sont données non-seulement pour désintéresser le demandeur, mais surtout pour punir le coupable. Elles se cumulent donc avec l'action *rei persequendæ causa*, et même s'il y a plusieurs actions pénales résultant du même fait, elles se cumulent aussi entre elles, d'après la doctrine qui semble avoir prévalu parmi les jurisconsultes romains. Enfin, dans les actions mixtes, il y a une partie qui est donnée *rei persequendæ causa*, et l'autre à titre de peine : on doit appliquer à chacun de ces éléments les règles que nous venons d'établir.

Appliquons ces règles au concours de l'action *pro socio* avec l'action *communi dividundo*, avec l'action de la loi Aquilia, et avec l'action *furti*.

Concours avec l'action COMMUNI DIVIDUNDO. — S'il y a dans la société des choses corporelles communes, on peut agir ou par l'action *pro socio* ou par l'action *communi dividundo*, pour réclamer les indemnités dues relativement à ces choses.

Si l'une ou l'autre de ces actions met fin aux réclamations des associés, la première exercée exclut l'autre,
altera alteram tollit. Mais l'objet des deux actions n'est
pas précisément le même, et il arrivera souvent que
l'une des actions laisse une place à l'autre. Si, par
exemple, il y a dans la société des corps certains à partager, l'action *pro socio* ne pourra pas atteindre le but;
elle servira sans doute à régler les sommes d'argent que
se doivent les associés, mais le juge n'est pas autorisé à
opérer le partage qui constitue entre les associés une véritable translation de propriété. Ce pouvoir exceptionnel
ne lui est accordé que dans l'action *communi dividundo*
au moyen de l'*adjudicatio* qui y est contenue. En sens
inverse, l'action *communi dividundo* ne peut exister que
s'il y a un objet corporel commun, susceptible de se
partager. S'il n'y a que des indemnités à réclamer pour
une opération sociale où s'il s'agit de faire le règlement
des créances communes, l'action *communi dividundo* est
impossible. Les créances, en effet, se divisent de plein
droit et échappent aux actions divisoires. Cette règle
était déjà établie par la loi des Douze Tables, en matière
d'hérédité : *Nomina inter heredes pro portionibus heredi-*
tariis ercta cita sunto ; ceterarum familiæ rerum ercto non
cito ; si volent heredes, erctum citum faciunto ; prætor
ad erctum ciendum arbitros treis dato.

Il était possible, on le voit, que l'action *communi divi-*
dundo ou l'action *pro socio* ne fussent pas suffisantes à
régler les rapports des associés. On pouvait donc les exercer successivement, mais la seconde avait lieu seulement
in id quod pluris interesset (L. 43, D. h. t.).

Concours avec l'action de la loi Aquilia. — L'action de la loi Aquilia, d'après le 1er et le 3e chef, est donnée pour tout dommage causé *corpore corpori*. Elle peut aussi être donnée à titre d'action utile ou *in factum*, pour certains dommages causés, *aut non corpore, aut non corpori*. Mais les actions utiles n'étant données que pour suppléer à l'insuffisance des actions du droit civil, on peut supposer que le magistrat les refusait, quand il existait une autre action dérivant d'un contrat entre l'auteur du dommage et celui qui l'avait souffert. C'était le cas, quand ils étaient associés.

Pour déterminer le caractère du concours entre l'action *pro socio* et l'action de la loi Aquilia, il faut connaître la nature de cette dernière. L'action de la loi Aquilia est d'un caractère complexe. Par rapport à l'auteur du dommage, elle est considérée comme purement pénale, de même que l'action *de dolo*, à moins qu'il n'ait tiré un bénéfice du dommage causé; et en effet, elle ne représente pas une chose dont il ait profité, mais la peine d'un méfait. Par rapport à celui qui a souffert le dommage, l'action de la loi Aquilia est au contraire donnée principalement *rei persequendæ causa*, car l'indemnité représente un appauvrissement qu'il a subi dans son patrimoine. Cependant on peut dire qu'à son égard même, elle est mixte, car elle n'accorde pas simplement la valeur de l'objet détruit ou détérioré, mais la plus haute valeur que cette chose a eue dans le mois ou dans l'année.

De plus, elle procure une condamnation au double en cas de dénégation: *infitiatione crescit in duplum.*

De ces diverses particularités de l'action de la loi *Aquilia*, il est facile de déduire l'intérêt qu'on peut avoir à

exercer cette action ou l'action *pro socio*, et les conséquences diverses qui en résulteront.

De ce que l'action est pénale par rapport au défendeur,
il résulte : 1° qu'elle ne passe pas contre ses héritiers, à
moins qu'ils ne se soient enrichis du dommage causé (L. 23
§ 8 D. *Ad legem Aquiliam*) ; au contraire l'action *pro socio*
est donnée intégralement contre les héritiers ; — 2° l'action de la loi *Aquilia* s'éteint par un an, tandis que l'action *pro socio* est perpétuelle (L. 35 D. *de obligationibus
et actionibus*) ; 3° l'action de la loi *Aquilia*, quand le
dommage a été commis par un fils de famille ou un esclave, est donnée *noxaliter* contre le père ou le maître, et
s'éteint par conséquent par l'abandon noxal. L'action
pro socio est donnée contre le père ou le maître à titre
d'action *quod jussu*, *de peculio* ou *de in rem verso*, etc.,
selon les cas ; — 4° si le dommage a été causé par plusieurs, tous sont tenus *in solidum* par l'action de la loi
Aquilia, et la condamnation de l'un ne libère pas les autres : *nam ex lege Aquilia quod alius præstitit, alium non
relevat, quum sit pœna* (L. 11 § 2 D. *Ad legem Aquiliam*) ;
au contraire, dans l'action *pro socio*, la personne lésée ne
peut obtenir qu'une fois la valeur perdue ; 5° enfin l'action de la loi *Aquilia* croît au double, en cas de dénégation, ce qui n'existe pas pour l'action *pro socio*.

De ce que l'action de la loi Aquilia est *rei persecutoria*
à l'égard du demandeur, ou tout au moins n'est pénale
que pour l'excédant de valeur dans le mois ou dans
l'année, il résulte que le concours entre les deux actions
est électif pour la valeur actuelle de la chose. Après avoir
exercé l'une des actions, on ne peut plus en général
exercer l'autre : *actione pro socio consequitur, ut altera*

actione contentus esse debeat ; quia utraque actio ad rei persecutionem respicit , non, ut furti, ad pœnam dun- taxat. Ce texte prévoit le cas le plus ordinaire, celui où la chose n'a pas eu une valeur plus grande dans le mois ou dans l'année ; mais il est évident que s'il y avait eu une valeur plus élevée , on pourrait, après avoir exercé l'action *pro socio*, agir *ex lege Aquilia* (L. 7 § 1. D. *Commodati*).

Une question assez délicate peut naître du concours de l'action *pro socio* et de l'action de la loi *Aquilia*, eu égard à l'appréciation des fautes. L'associé n'est tenu par l'action *pro socio* que de la faute *in concreto*. Au contraire , *in lege Aquilia et levissima culpa venit* (L. 44. D. *ad legem Aquiliam*). Supposons donc qu'un associé ait détérioré un objet commun par sa faute, mais sans avoir apporté une plus grande négligence que celle qu'il met à ses propres affaires : ne pouvant pas être poursuivi par l'action *pro socio*, pourra-t-il l'être par l'action de la loi *Aquilia* ? L'affirmative est générale- ment admise : en effet, comment admettre, parce qu'un homme s'est obligé par un contrat spécial, qu'il ne soit pas tenu d'une faute dont il serait tenu sans ce contrat?

Cependant, M. Demangeat, en ce qui concerne le dépo- sitaire, propose une distinction très-plausible, et qu'on peut appliquer à l'associé. Il admet la possibilité d'exercer l'action de la loi *Aquilia* lorsque le fait qui amène la perte de la chose ne s'explique point par le contrat inter- venu, lorsque ce fait est étranger à la qualité de déposi- taire. Par exemple , dit-il, on m'a remis à titre de dépôt, une caisse contenant un objet précieux et fragile ; pour le faire admirer à quelqu'un, j'ouvre la caisse, je retire l'objet, mais malheureusement je le laisse tomber et il se brise : il y a eu là de ma part un acte que ma qualité de dépositaire n'explique pas ; je ne suis pas tenu comme dépositaire, car je ne suis coupable ni de dol ni de faute lourde ; mais la loi *Aquilia* m'est applicable comme elle le serait, en pareil cas, à toute autre personne. Il ne doit plus en être de même lorsque le fait qui amène la perte de la chose se rattache à mon obligation de dépositaire. Ainsi, quand je déménage, il faut bien que j'emporte avec mes propres meubles la chose déposée : si par suite d'une faute légère, même *in committendo*, cette chose périt dans le voyage, je ne dois pas en être tenu.

On peut appliquer ces mêmes solutions à l'associé. Supposons, par exemple, qu'en soignant mal des esclaves communs qui sont tombés malades, il ait amené leur mort ; quoiqu'il y ait ordinairement lieu à l'action de la loi Aquilia dans cette hypothèse (L. 7 § 8, et L. 8, D. *ad legem Aquiliam*), il pourra n'être pas responsable s'il a soigné les esclaves comme les siens propres.

Concours de l'action PRO SOCIO *avec l'action* FURTI *et la* CONDICTIO FURTIVA. — L'action *furti* peut être donnée contre un associé s'il a détourné par dol une chose commune. En pareil cas, les deux actions *furti* et *pro socio* pourront s'exercer cumulativement, car l'une est donnée *rei persequendæ causa*, et l'autre à titre purement pénal. Ulpien, dans la loi 45. D. h. t., semble attribuer ce résultat au caractère de bonne foi de l'action *pro socio*. Mais la règle du concours des deux actions est plus générale, et elle est ainsi formulée dans la loi 130 D. *de regulis juris* : *Nunquam actiones præsertim pœnales, de eadem re concurrentes, alia aliam consumit.*

En cas de vol, on peut également exercer la *condictio furtiva ;* mais cette action est *rei persecutoria ,* et elle ne peut pas être donnée cumulativement avec l'action *pro socio ,* ou du moins on ne peut exercer l'une après l'autre que *in id quod pluris interest.* (L. 47, D. h. t.)

A l'égard de ces actions fondées sur le vol, les juris-consultes font remarquer qu'elles ne peuvent être exer-cées que si l'intention de fraude est évidente. Or, en matière de société, on doit presque toujours supposer que celui qui est propriétaire pour partie a voulu user plutôt de la chose suivant son droit que la soustraire frau-duleusement (L. 51, D. h. t.). Cette solution est conforme à l'esprit de fraternité que les jurisconsultes supposent entre associés.

DROIT FRANÇAIS.

DES OBLIGATIONS ET DES DROITS

DES ACTIONNAIRES

DANS LES SOCIÉTÉS EN COMMANDITE ET ANONYMES.

INTRODUCTION.

1. Division générale des sociétés.
2. Différence de l'action et de l'intérêt.
3. Des diverses espèces d'actions.
4. Historique de la législation et division du sujet.

1. — Les sociétés peuvent se distinguer en deux catégories :

1° Des sociétés où tous les associés sont indéfiniment et personnellement responsables des engagements sociaux. Telles sont les sociétés civiles prévues par le Code Napoléon, et les sociétés en nom collectif du droit commercial. Dans ces dernières la solidarité s'ajoute à l'étendue indéfinie de l'obligation.

2° Des sociétés où tous les associés ou une partie d'entre eux ne sont tenus que jusqu'à concurrence d'une mise déterminée. Ce sont là des sociétés de capitaux plutôt que de personnes, dans lesquelles les créanciers ont pour principale garantie la mise de chacun des associés et les chances de prospérité de l'entreprise. On pourrait les définir d'une façon générale, par une dénomination que quelques-unes d'entre elles ont eue un moment dans notre législation : *sociétés à responsabilité limitée*. Dans cette deuxième catégorie on place les sociétés en commandite et les sociétés anonymes.

Dans les sociétés en commandite, l'élément personnel existe encore. Un ou plusieurs des associés constitués gérants et dont le nom figure dans la raison sociale sont indéfiniment responsables des engagements de la société qu'ils administrent. Les autres bailleurs de fonds ou *commanditaires* ne sont responsables que jusqu'à concurrence de leur mise.

Dans les sociétés anonymes, aucun des associés n'est indéfiniment responsable. Le montant limité à l'avance de leur apport fournit la seule garantie des créanciers sociaux.

Ces deux formes de sociétés sont seules propres aux grandes entreprises. Très-peu de personnes offriraient une solvabilité suffisante pour répondre à des obligations aussi considérables que celles des compagnies de chemins de fer, ou des grandes compagnies pour l'exploitation des mines, et autres de la même nature. Pour amener le succès de telles entreprises, il faut réunir un très-grand nombre de capitaux, et l'on ne peut attirer les capitalistes qu'en leur promettant que leur perte sera limitée à leur apport.

Ce qui caractérise la société en commandite, c'est d'une part l'existence d'un ou de plusieurs gérants, responsables des engagements da la société, et d'autre part la coopération des commanditaires tenus jusqu'à concurrence de leur mise, et qui partagent ensuite avec eux dans les bénéfices suivant une proportion déterminée par les conventions.

Dans la société anonyme, aucun des associés n'est personnellement responsable. A la place des gérants de la commandite, nous trouvons des administrateurs qui ne sont pas responsables personnellement des engagements sociaux, mais à qui appartient le droit d'employer les capitaux de la société à des opérations déterminées par l'acte constitutif de la société. Ces administrateurs jouent le simple rôle de mandataires.

A raison de la nature particulière de ces sociétés qui n'offrent pas la garantie de la solvabilité personnelle de tous les associés, la loi devait intervenir pour protéger l'intérêt des tiers et celui des associés eux-mêmes.

Les associés ont besoin d'une protection contre les pouvoirs extraordinaires dont sont assurés les gérants dans la commandite, et les administrateurs dans la société anonyme. De là des précautions légales, et l'institution, dans la première, d'un *conseil de surveillance* choisi parmi les associés eux-mêmes, et, dans la seconde, de *commissaires*, chargés aussi d'un rôle de surveillance.

La loi a dû intervenir surtout quand ces sociétés sont constituées par *actions*.

2. — Nous devons ici nous demander quel est le sens de ce mot par opposition à celui d'*intérêt*.

Le droit pour les associés dont le rôle se borne à un apport dans la société, de participer aux bénéfices de la société, peut constituer soit un *intérêt*, soit une *action*. Ce droit peut être transmissible suivant des règles plus ou moins faciles, et là se trouve la principale différence entre l'intérêt et l'action.

L'intérêt est le corrélatif nécessaire de l'apport dans

une société. C'est le droit de prendre part aux bénéfices de la société pendant son existence, et au partage du fonds social à sa dissolution. L'intérêt est susceptible de hausse et de baisse comme le fonds social, et c'est ce qui le distingue du droit de créance ou d'obligation.

Tel est l'intérêt, dans son sens général. On le trouve dans toutes les sociétés, quelles qu'elles soient. A l'origine des sociétés commerciales, l'intérêt était toujours incessible, et cela tenait au caractère de ces sociétés, qui étaient des rapports de personnes et non de capitaux. La considération de la personne est l'élément principal et dominant du contrat. Ce n'est pas à dire que l'associé ne puisse céder ses droits; mais il ne peut abdiquer ni transporter sa qualité. Le cessionnaire reste étranger à la société et n'a de rapport qu'avec l'associé qui se l'est adjoint.

On comprend que la société par intérêt ne peut suffire aux entreprises de longue durée, si l'on considère combien il est difficile de trouver des hommes disposés à engager leur capital dans une société, avec l'intention de faire de leur participation aux opérations sociales la principale occupation de leur vie, et si l'on considère que la société peut se trouver arrêtée dans son existence par le seul fait de la retraite de l'un des associés.

Pour attirer un grand nombre d'associés, pour réunir une masse considérable de capitaux, il faut mettre la faculté de participer aux opérations sociales à la portée de tous, et même de ceux qui ne peuvent ni ne veulent, pour quelque cause que ce soit, se livrer au commerce.

Que fallait-il donc pour donner l'essor aux sociétés, pour faire disparaître les inconvénients et les embarras qu'offrait la société par intérêt? Il fallait rendre l'intérêt cessible; et, par ce moyen, on permet à l'associé de se retirer de la société, en cédant son intérêt à une autre personne, moyennant le remboursement de son apport.

C'est ainsi que l'*intérêt* devient *action*. — Par conséquent, l'intérêt, dans son sens général, comprend l'action.

Dans toutes les sociétés, il y a un intérêt, avons-nous dit. Dans les unes, l'intérêt conserve son caractère primitif, inhérent à la société telle qu'elle était comprise et organisée à l'origine. Dans les autres, l'intérêt se transforme en action. De là vient qu'il y a des sociétés par intérêt, et des sociétés par actions.

La cessibilité nous apparaît donc comme le caractère distinctif de l'action. Cependant, il ne suffit pas, pour distinguer l'intérêt de l'action, de s'en tenir aux signes extérieurs.

L'égalité de coupure, la cessibilité, la négociabilité par les modes du droit commercial, la limitation de la responsabilité des associés au montant de l'apport, voilà autant de caractères qui sont de la nature de l'action, mais qui ne sont pas de son essence, et qui ne sont ni spéciaux ni obligatoires.

Sans doute si l'on prend le mot dans un sens restreint, l'action n'est autre chose que l'intérêt matérialisé. Au lieu de ce droit abstrait de prendre part aux bénéfices de la société, qui constitue l'intérêt, l'action est un droit apparent, et représente une valeur susceptible d'être cédée. Mais l'on arriverait ainsi à confondre l'*action* avec le titre qui la représente.

Il est nécessaire de montrer, par exemple, comment

la cessibité, qui est le principal caractère de l'action, n'en est cependant pas le caractère distinctif.

Il n'est pas absolument vrai de dire que l'intérêt est incessible. L'art. 1861 C. Nap. ne défend point de céder les parts d'intérêt. Ce qu'il défend, c'est d'associer une tierce personne à la société; mais il reconnaît par là même la faculté de céder sa part avec le consentement de la société.

Réciproquement, la cession de l'action peut être subordonnée à l'agrément de l'assemblée générale des actionnaires, des comités de surveillance ou de censure.

Ce caractère ne suffit donc pas pour établir la distinction. Il faut en chercher un autre. M. Vavasseur le trouve dans la négociabilité commerciale. La théorie qu'il présente est assez accréditée, parce qu'elle semble d'accord avec la pratique constante.

Cependant ce que nous venons de dire de la cessibilité peut s'appliquer à la négociabilité; et cette dernière opinion est en outre contredite par plusieurs textes. Nous en donnerons pour exemples les suivants. L'art. 25 de la loi de 1850 relative au timbre est ainsi conçu : Les dispositions des articles précédents ne s'appliquent pas aux *actions* dont la cession n'est parfaite, à l'égard des tiers, qu'au moyen des conditions déterminées par l'art. 1690, ni à celles qui en ont été dispensées par une disposition de loi.

D'autre part, l'art. 91-3° C. de Com., tel qu'il est rédigé d'après la loi du 23 mai 1863, s'exprime ainsi : « A l'égard des actions, des *parts d'intérêts*..... dont la transmission s'opère par un transfert sur les registres de la société. »

Il résulte de ces dispositions que la négociation commerciale peut s'appliquer aux parts d'intérêt comme aux actions.

Pour déterminer le caractère de l'action, il ne suffit donc pas de s'attacher à la forme ; il faut considérer le fond des choses, c'est-à-dire les principes certains, invariables, qui distinguent les sociétés par intérêt des sociétés par actions ; et on les trouve dans les conditions où se constituent les sociétés, et dans l'intention des fondateurs.

Dans les sociétés qui sont fondées sur les rapports de personnes (*intuitu personarum*), où un lien de confiance réciproque lie les associés les uns aux autres, à tel point que la retraite d'un associé met fin à la société, il ne peut y avoir que des parts d'intérêts ; le droit de les céder ne peut apparaître que comme une exception dérogeant à la nature et à l'organisation de ces sociétés ; elles ne deviendront donc pas des actions pour cela.

Dans les sociétés où le capital a été fractionné dans la prévision et en vue de cessions que les associés pourront faire de leurs droits, il importe peu que la cessibilité des actions soit momentanément suspendue ou soumise à certaines conditions. Le caractère de l'action n'en subsiste pas moins. Il est impossible de s'y méprendre.

3. — L'action se présente sous deux formes principales : si elle est *nominative*, la cession en est faite par une déclaration de transfert inscrite sur un registre tenu au siége social, et signé du cédant ou de son mandataire. Si elle est *au porteur*, la cession en a lieu par la simple tradition du titre.

3

On distingue encore les actions en actions *payantes* et en actions *de capital*. Les actions payantes sont celles qui sont données aux associés en échange d'un versement en numéraire. Les actions de capital sont celles qu'on accorde aux associés qui font un apport en valeurs mobilières ou immobilières, ou même en industrie. C'est à l'aide de cette division, et en représentant les apports faits autrement qu'en argent par un certain nombre d'actions, qu'on fixe le plus ordinairement les parts respectives de tous les associés, et la répartition des bénéfices entre eux. On peut considérer comme actions de capital ce qu'on appelle actions *de prime* : ce sont des actions qu'on délivre souvent à certaines personnes qui favorisent l'établissement de la société, soit par leurs soins personnels, soit par leur crédit ou leur influence, en acceptant, par exemple, d'être membres du conseil de surveillance. On a contesté la légalité de ces sortes d'actions; mais la pratique les a constamment admises.

4.—La division du capital des sociétés en commandite en actions est autorisée par le Code de Comm. (art. 38); quant aux sociétés anonymes, cette division est presque nécessaire. Mais le Code de Commerce, tout en posant le principe, n'édictait pas de règles spéciales se rattachant à cette division du capital par actions; cependant la facilité qu'offre la forme des sociétés par actions pour appeler des capitaux permettait souvent des spéculations déshonnêtes et dangereuses : aussi, quand ces sociétés eurent pris un grand développement, dut-on songer à établir des règles spéciales pour empêcher les fraudes. A l'égard des sociétés anonymes, le Code de Commerce avait suffisamment obvié au danger en exigeant pour leur constitution l'autorisation du gouvernement (art. 37) ; cette autorisation, devant être donnée en connaissance de cause et dans la forme des règlements d'administration publique, ne pouvait couvrir que des entreprises sérieuses et offrant des garanties de stabilité. Mais la société en commandite par actions restait libre de toute réglementation, aussi bien que la commandite simple ou par intérêt ; et là était le péril. La *loi des* 17-23 *juillet* 1856 exigea, par la constitution des sociétés en commandite par actions, des conditions rigoureuses, régla l'organisation et la responsabilité du conseil de surveillance, et édicta des pénalités contre les fraudes et les contraventions.

Plus tard, et pour faciliter la création des sociétés, la *loi du* 23 *mai* 1867 emprunta à l'Angleterre les sociétés à responsabilité limitée, ou sociétés anonymes non soumises à l'autorisation du gouvernement, dans lesquelles des garanties tout à fait analogues à celles organisées par la loi de 1856 suppléaient à la nécessité de l'autorisation.

Mais de nouvelles critiques atteignirent le système des sociétés ainsi organisé : 1° la société anonyme avec l'autorisation du gouvernement faisait désormais double emploi avec la société à responsabilité limitée : il fallait les ramener à l'unité ; 2° les précautions édictées par les lois de 1856 et de 1863 paraissaient à certains égards excessives, et dépassaient leur but, en paralysant la création des sociétés ; 3° enfin, le cadre de la législation existante ne se prêtait pas à l'organisation de certaines sociétés, qui ont pris depuis quelques années une grande importance économique, les sociétés de coopération.

De là, une *loi* nouvelle *du 24 juillet* 1867, qui a réglé dans deux titres différents les sociétés en commandite par actions, et les sociétés anonymes, dégagées aujourd'hui de l'autorisation du gouvernement, et qui a organisé dans un troisième titre des *sociétés à capital variable*, destinées à faciliter les entreprises coopératives.

Restreignant notre sujet aux droits et obligations des actionnaires dans les sociétés en commandite par actions et anonymes, nous aurons à combiner les principes du droit commun établis dans le Code Napoléon et le Code de Commerce, avec les dispositions nouvelles de la loi de 1867.

Nous traiterons d'abord des obligations des actionnaires et ensuite de leurs droits. Nous ne séparerons pas les actionnaires des sociétés en commandite de ceux des sociétés anonymes, les règles étant à peu près identiques, sauf à indiquer les différences quand elles se présenteront.

PREMIÈRE PARTIE.

OBLIGATIONS DES ACTIONNAIRES.

5. Indications générales. *
6. Obligation de verser la mise : versement partiel pour la constitution de la société.
7. Du versement définitif. Comment il doit s'opérer.
8. Caractère de l'obligation des actionnaires.
9. Action directe des créanciers pour obtenir le versement.
10. Réduction des apports.
11. De l'obligation de verser en cas de cession de l'action.
12. Suite. Conditions nécessaires pour la négociation de l'action.
13. Suite. Responsabilité du cédant.
14. Suite. Responsabilité du cessionnaire.
15. Du retrait de la mise. Questions sur le rapport des dividendes.
16. Du rapport des intérêts payés aux actionnaires.
17. Remboursement indirect de la mise aux actionnaires.
18. Prohibition pour les commanditaires de s'immiscer dans la gestion.
19. Sanction de cette prohibition.

5. — Nous devons, avant tout, examiner la principale obligation des actionnaires, celle de verser dans la caisse sociale le montant de leurs actions. Nous verrons comment cette obligation doit être exécutée, quel en est le caractère, à qui appartient le droit de l'exiger ; puis comment elle doit être réglée dans le cas de cession de l'action ; enfin, comment, après le versement, l'obligation de l'actionnaire peut revivre à raison des sommes qu'il retire de la société, et qu'il sera tenu d'y apporter. — Nous nous occuperons ensuite d'une obligation spéciale à

l'actionnaire d'une commandite , savoir l'obligation de ne pas s'immiscer dans la gestion.

6. — Le versement de la mise , dans les sociétés par actions , n'est pas seulement une obligation personnelle de l'actionnaire ; c'est, dans une certaine mesure , une condition de constitution de la société. Comme garantie du caractère sérieux de l'entreprise , la loi exige , avant la constitution définitive de la société , le versement, *par chaque actionnaire*, du quart au moins du montant des actions par lui souscrites (Loi du 24 juillet 1867, art. 1er, alinéa 2, et art. 24). Il ne suffirait pas que les versements , dans leur ensemble , formassent le quart du capital social : que , par exemple , les uns des associés eussent versé la moitié de leur mise , tandis que les autres auraient versé moins du quart. La loi veut s'assurer que chaque associé, en particulier , s'est engagé sérieusement par un premier versement.

De plus, le quart au moins du capital tout entier doit être réalisé , et non pas seulement le quart du capital en numéraire : car les dispositions de la loi embrassent aussi bien les actions de capital que les actions payantes. Mais, pour les actions de capital, il n'y aura presque jamais de difficulté : les apports qu'elles représentent sont d'ordinaire réalisés pour le tout dès le début de la société.

Pour les actions payantes, le versement du quart doit avoir lieu en numéraire. L'expression même de *versement* manifeste à cet égard l'intention du législateur. Le but qu'il se propose serait d'ailleurs manqué si on pouvait se libérer par la remise de valeurs ou de titres ou par voie de compensation. Le versement du quart étant destiné à faire face aux premières opérations de la société, et les valeurs et titres exigeant une négociation, ce mode de libération aurait entraîné une perte de temps et des frais pour la société. Il y avait surtout à craindre le danger et même la fraude qui peuvent résulter de la remise de valeurs dont le recouvrement serait douteux.

On ne peut donc admettre comme équivalent du versement que la loi prescrit, des valeurs ou titres qui ne peuvent pas être réputés du numéraire. Aussi la Cour de Cassation a-t-elle jugé que le versement préalable du quart, prescrit pour la constitution de la société, devait consister dans un payement effectif, et ne résultait pas notamment de la remise de valeurs de portefeuille d'un recouvrement plus ou moins certain, ou de titres ne pouvant être assimilés à de l'argent comptant, tels que des factures et mémoires acquittés de travaux exécutés et de fournitures faites pour le compte de la société, ou quittances de primes de fondation (Cass. D. 63. 1. 213). Mais il est admis sans contestation que le versement de billets de la Banque de France serait valable.

Il n'est point permis de déroger aux prescriptions de la loi sur ce point, car elles sont d'ordre public. Les statuts eux-mêmes ne pourraient autoriser un semblable mode de libération, si cette condition était stipulée d'une manière générale : car le capital, étant incertain dans sa quotité, ne serait point intégralement souscrit, ainsi que le veut la loi.

Mais si les statuts permettaient à un ou plusieurs associés dénommés de se libérer en valeurs déterminées, la clause serait valable. Il y aurait un apport en nature représenté par une ou plusieurs actions de capital, et de semblables apports existent presque nécessairement dans les sociétés. Seulement, ils doivent toujours être vérifiés et approuvés par l'assemblée générale des actionnaires. (Loi de 1867, art. 4.)

7. — Après le versement du premier quart, la société est constituée, mais chaque actionnaire reste tenu de verser le surplus aux époques et conditions fixées par l'acte constitutif de société. Il doit même les intérêts de sa mise de plein droit du jour où elle a dû être versée, s'il n'y a pas eu stipulation contraire (art. 1846 C. N.).

L'associé ne peut pas se dispenser de verser sa mise en renonçant à son action.

Par une clause assez généralement insérée dans les statuts, on déclare que les souscripteurs qui ne payeront pas les fractions de leurs actions aux époques fixées pour les appels de fonds seront déchus de leurs droits, et que les versements déjà effectués par eux seront acquis à la société. On doit considérer cette clause comme établie dans l'intérêt de la société et non dans l'intérêt des actionnaires. Aussi, loin d'y voir un moyen offert à l'associé de s'affranchir de son obligation, on doit admettre que la société, au lieu d'user de la clause pénale, aurait le droit de poursuivre l'exécution de l'obligation principale, d'après l'art. 1228 C. N.

Mais, après le versement du premier quart, le gérant pourrait recevoir le surplus par compensation avec des travaux exécutés par l'actionnaire pour la société, ou avec les dividendes dus à cet actionnaire, ou avec toutes autres créances qu'il aurait contre la société (Cass. D. 67, 1, 426. — Paris. D. 67, 2, 21).

La compensation équivaut de tous points à un payement en numéraire, puisqu'il en résulte l'affectation du capital social à la destination même qui. lui a été donnée par les statuts de la société ; d'ailleurs l'associé, joignant à sa qualité celle de créancier, acquiert tous les droits attachés à cette dernière.

La compensation aurait même lieu de plein droit si la créance était à la fois liquide et exigible. En effet, la règle posée par l'art. 1289 C. N. est générale et s'applique à tous les cas où deux personnes se trouvent débitrices l'une de l'autre. Mais on ne saurait admettre, comme nous l'établirons plus loin, le payement consistant dans la compensation de la mise du commanditaire avec la créance qui lui serait due par le gérant en son propre et privé nom, à moins que cette compensation n'eût été stipulée dans l'acte de société, légalement publiée et soumise à l'approbation de l'assemblée générale. — Il est nécessaire que les tiers soient avertis d'un tel mode de libération, car ils seraient trompés si les sommes souscrites et dont ils ont opéré la réalisation devaient être absorbées par le passif du gérant.

La compensation pourrait-elle encore s'opérer si la société avait cessé ses payements ? Il faut distinguer. Si, avant la déclaration de faillite, il y avait eu compensation légale, les deux dettes étant également liquides et exigibles, le bénéfice de cette compensation serait acquis à l'associé et le libérerait comme un véritable payement (D. 67, 1, 426). Il en serait autrement si la créance de l'associé n'était pas liquide.

Bien qu'en règle générale l'associé ne puisse pas être contraint de devancer les époques fixées par les statuts pour les versements à faire, il en serait autrement encore, en cas de faillite, soit de l'associé, soit de la société, car le jugement déclaratif de faillite a pour effet de rendre exigibles toutes les dettes passives non échues.

8. — Quel est le caractère de l'obligation dont nous venons d'étudier ainsi l'étendue? Est-elle civile ou commerciale? en d'autres termes, la souscription d'actions dans une société commerciale constitue-t-elle un acte de commerce?

La jurisprudence de la Cour de Cassation s'est constamment prononcée pour l'affirmative, et avec raison, pensons-nous. (*V.* notamment Cass. D. 63. 1. 125.)

En effet, l'art. 23 du C. de Comm. donne aux commanditaires le nom d'*associés*, ainsi que les art. 25, 26, 27 et 28 du même Code. Les commanditaires ne sont donc pas seulement des bailleurs de fonds, ils font le commerce jusqu'à concurrence des fonds qu'ils versent ou promettent de verser dans la société, et ces fonds sont destinés à constituer l'un des éléments nécessaires à la marche des opérations commerciales et au crédit de la société.

Si les commanditaires ne gèrent pas eux-mêmes la société, ils n'en font pas moins le commerce par l'intermédiaire du gérant, et si la loi leur défend de faire des actes de gestion, ce n'est que dans leur propre intérêt, puisque les actes auxquels ils pourraient se livrer, malgré la prohibition de la loi, seraient valables pour la société et engageraient leur responsabilité.

On invoque encore à l'appui de ce système les art. 51

et 60 C. de Com. (aujourd'hui abrogés), qui disposent que toute contestation entre associés et pour raison de la société sera jugée par des arbitres, lesquels sont nommés par le tribunal de commerce, s'ils ne l'ont pas été amiablement.

Dans le sens contraire, on a répondu : Le fait de fournir des fonds à une société commerciale n'est point un acte de commerce, alors qu'on perd la disposition de ces fonds pour en abandonner l'emploi à une autre personne qui en use comme de sa propre chose. Le gérant d'une société en commandite ne peut point être regardé dans ses actes de gestion vis-à-vis des tiers comme le mandataire des commanditaires, car il administre la société en usant de son propre droit.

Enfin, dit-on, ce serait méconnaître l'esprit de la loi et le but des sociétés par actions que de considérer l'obligation des souscripteurs comme une obligation commerciale. Le législateur s'est en effet proposé d'attirer vers le commerce ou l'industrie des capitaux qui seraient restés improductifs, d'associer à de grandes entreprises des personnes dont les habitudes et le caractère répugnent au commerce et qui ne peuvent s'engager dans une société de cette nature que dans l'intention de faire un placement utile.

Telles sont les raisons données par un arrêt de la Cour de Dijon du 4 août 1857. (D. V° Société, nos 1346 et suiv.)

Cette question offrait plus d'intérêt avant la suppression de la contrainte par corps.

Il existe pourtant encore des différences entre les deux solutions, selon que l'obligation des actionnaires est ou non commerciale. Ainsi, dans le système de la jurisprudence que nous adoptons, les intérêts qui sont dus par l'associé débiteur de sa mise sont exigibles au taux commercial, c'est-à-dire 6 0⎸0. En outre, le souscripteur est soumis à la compétence des tribunaux de commerce.

Les objections élevées contre le système de la Cour de cassation étaient exagérées, même au point de vue de la contrainte par corps. On doit considérer, en effet, que le commanditaire ne peut rien perdre au delà de son apport; il est absolument libéré par le versement de sa mise. Avant de s'engager, il peut déterminer, en le proportionˉ nant à ses ressources, le montant de cette mise. S'il accomplit son obligation, il ne peut courir d'autre risque que celui de perdre sa mise.

9. — A qui appartient le droit de poursuivre les actionnaires pour le versement de leur mise ? Pendant la durée de la société, c'est le gérant qui peut le plus naturellement exercer le droit de poursuite; quand la société est en liquidation, ce pouvoir passe aux liquidateurs nommés par les associés ou par la justice. Mais les tiers créanciers de la société ont-ils une action directe contre les associés pour les contraindre au versement de leur mise ? Tout le monde leur reconnaît au moins le droit de les poursuivre en exerçant les droits du gérant, aux termes de l'article 1166 C. N. La controverse commence quand il s'agit de leur donner une action directe.

Sous l'empire de l'ordonnance de 1673, on refusait aux créanciers l'action directe. Et cela s'expliquait par la raison que l'ancienne commandite n'avait pas de raison sociale, et que tout le commerce se faisait par un gérant agissant en son seul et privé nom. Les tiers étaient les simples créanciers d'une personne isolée ; ils ne pouvaient connaître l'étendue du crédit social, et par conséquent la personne des commanditaires était, à leurs yeux, complétement effacée.

L'organisation nouvelle de la commandite doit-elle produire un résultat différent ?

Sous le Code de commerce la question est encore controversée ; certains auteurs persistent à admettre la solution de l'ancien droit.

Sur quoi peut-on fonder, disent-ils, l'action directe ? Est-ce sur un engagement qui serait pris par les commanditaires envers les tiers ? Non, puisqu'un tel engagement leur est défendu.

Dira-t-on qu'il y a un mandat de la part du commanditaire au gérant ? Non encore, car pour qu'il y eût mandat, il faudrait que le commandité pût être censé faire par lui-même tous les actes de gestion. Or tous ces actes lui sont défendus (art. 27 et 28 C. de Com.).

On argumente aussi de la nature de la société en commandite. La personne du commanditaire, dit-on, n'entre pas dans la commandite. Si l'art. 43 du Code de commerce dispense de faire connaître au public les noms des commanditaires, c'est sans doute dans le but de les soustraire aux recherches des créanciers.

On répond à ce système :

Il est vrai que la loi n'oblige pas les commanditaires à se nommer, dans le but, il est vrai, de ne pas faire connaître du public les noms des personnes qui ne veulent pas paraître se livrer au commerce. Mais les créanciers n'en ont pas moins le droit de connaître les noms des commanditaires. Toute société en commandite devant être rédigée par écrit public ou privé, et les noms des commanditaires devant figurer dans le contrat de société, les créanciers ont le droit de se les faire représenter quand ils traitent avec le gérant. Le Code de commerce donne d'ailleurs au commanditaire la qualité d'*associé bailleur de fonds* ou *associé* commanditaire (art. 23 et 25) : c'est dire qu'il est tenu directement des engagements sociaux, bien que sa responsabilité n'ait lieu que jusqu'à concurrence des fonds qu'il a mis ou dû mettre dans la société.

De plus, la raison sociale portant : N. et Compagnie, on annonce par cela même au public que la société ne se compose pas seulement du gérant, et que les tiers n'ont pas seulement à compter sur le crédit de celui-ci.

Enfin, si la mise du commanditaire ne devait pas intéresser les tiers, pourquoi ferait-on connaître les valeurs qui entrent dans la société, la mise que chaque associé a promis de verser ?

Que signifierait toute cette publicité si le gérant devait seul, comme autrefois, représenter la société et être soumis à l'action des tiers ?

Faut-il s'arrêter à l'objection d'après laquelle il n'y a pas de mandat donné par les commanditaires au gérant pour les obliger vis-à-vis des tiers ? Le nom de commandite éveille au contraire une idée analogue à celle du mandat, et les termes mêmes de la constitution de la société, ainsi que la qualité de gérant reconnue au commandité, impliquent le droit pour celui-ci d'obliger les autres associés envers les tiers (art. 1856 C. N.). Seulement cette obligation sera restreinte au montant de leur apport.

En droit, l'action directe est donc justifiée.

En fait, elle offre aux créanciers l'avantage d'obtenir l'exécution des obligations plus sûrement que s'il fallait recourir à l'intervention du gérant. Le mauvais vouloir du gérant, les compensations qui pourraient lui être opposées, arriveraient souvent à priver les créanciers d'un capital sur lequel ils ont dû compter.

En ce qui concerne les actionnaires, ils n'ont pas à se plaindre : car, soit par l'action directe, soit par l'action indirecte, ils ne seront tenus qu'à l'exécution pure et simple d'un engagement librement contracté. S'ils sont créanciers personnels du gérant, ils n'ont pas dû compter sur une compensation avec lui ; car ce n'est pas au gérant personnellement, c'est à la société qu'ils ont promis leur mise.

Mais l'action directe des créanciers doit-elle être admise en toute hypothèse, aussi bien quand la société est debout que lorsqu'elle est tombée en faillite ou en liquidation ? Plusieurs auteurs restreignent à ce dernier cas l'exercice de l'action directe des créanciers, et la plupart des arrêts, statuant dans ce cas de faillite ou de liquidation et reconnaissant alors le droit d'action directe, l'excluent dans leurs motifs pour le cas où la société marcherait encore (D. v° Société, n°s 1333 et suiv. Aix. D. 60, 2, 223. Cass. D. 61, 1, 435. — Lyon, D. 65, 2, 277. — Poitiers, 67, 1, 242).

Pendant la durée de la société, dit-on dans ce système, le gérant la représente seul régulièrement, et les créanciers qui ont traité avec le gérant, qui a seul qualité pour agir et administrer, se sont soumis, par la nature même du contrat, à ne poursuivre la société, leur débitrice, que dans la personne du gérant. Quel intérêt, peut-on ajouter encore, y a-t-il à poursuivre directement les actionnaires tant que la société fonctionne régulièrement?

En pratique, cette opinion offre des garanties à peu près suffisantes aux créanciers. La preuve, c'est que la question paraît ne s'être présentée que dans le cas de liquidation.

Mais néanmoins, il peut y avoir, dans tous les cas, pour les créanciers, un intérêt sérieux à l'exercice de l'action directe, soit à raison des exceptions opposables au gérant personnellement, soit à raison de sa négligence à poursuivre.

On peut aussi reprocher à la distinction de n'être pas juridique. En effet, l'action directe ne peut pas naître de la faillite : car celle-ci ne crée pas de droits nouveaux. La situation des tiers vis-à-vis de la société reste, à l'égard de la masse représentée par les syndics, ce qu'elle était à l'égard de la société représentée par les gérats.

Les principales conséquences du système qui reconnaît aux créanciers l'action directe sont les suivantes :

1° L'actionnaire qui n'aura pas versé sa mise ne pourra opposer la compensation des créances qu'il aura contre le gérant personnellement. Mais il pourra opposer la compensation des sommes qui lui seront dues par la société elle-même, à quelque titre que ce soit : car son obligation est remplie dès qu'il a fourni sa mise : qu'importe qu'il l'ait fournie par un payement réel ou par voie de compensation? A ce point de vue, on peut dire que les créanciers agissent contre les actionnaires comme exerçant les droits de la société, s'ils n'agissent pas comme exerçant ceux du gérant.

2° Les créanciers ayant l'action directe, on ne peut pas non plus leur opposer la remise de tout ou partie du versement qui aura été consentie par le gérant aux actionnaires ou à quelques-uns d'entre eux.

3° L'obligation de verser la mise existe vis-à-vis des créanciers lors même que la souscription des actionnaires aurait été obtenue par le dol du gérant : car la nullité résultant du dol ne peut être opposée qu'à celui qui l'a pratiqué (art. 1116 C. N.). Les actionnaires seraient alors tenus, sur l'action directe des créanciers, de verser leur mise, sauf leurs recours contre le gérant (Cass. D. 68, 1, 79). Il en serait autrement si la souscription avait été obtenue par violence, car la violence vicie le contrat *erga omnes* (art. 1111 C. N.).

4° Le montant de la souscription serait également dû aux créanciers, si la souscription n'avait été donnée qu'en vue de certains avantages promis par le gérant et qui ne se seraient pas réalisés (Paris, D. 68, 2, 173).

5° Les actionnaires ne pourraient pas, pour se refuser au versement de leur mise, opposer aux créanciers la nullité de la société résultant de l'inobservation des formes légales. (L. de 1867, art. 7. — Paris, D. 62, 2, 183 et 184, — 63, 2, 38.)

Toutes ces solutions supposent que les créanciers agissent en leur propre nom, et non comme exerçant les droits du gérant.

10. — L'obligation pour l'actionnaire de verser sa mise n'est régulièrement accomplie que quand l'intégralité en a été fournie. La remise que le gérant en consentirait, nous venons de le voir, ne serait pas opposable

4

aux créanciers sociaux. Mais les mises souscrites ne pourraient-elles être réduites par une délibération régulière de la société, rendue publique dans les formes de la loi? Si la société était en bénéfice au moment de la réduction, cette réduction ne pourrait porter aucun préjudice aux tiers : car, quant aux créanciers actuels de la société, les valeurs sociales leur donnent un gage suffisant ; quant aux créanciers à venir, la publicité donnée à la réduction de l'apport les empêcherait d'être induits en erreur.

Cependant une difficulté est née des dispositions des lois nouvelles. Aux termes de l'art. 1er de la loi de 1867, les sociétés en commandite ne peuvent diviser leur capital en actions ou coupons d'actions de moins de 100 fr., lorsque ce capital n'excède pas 200,000 fr. ; et de moins de 500 francs, lorsqu'il est supérieur. L'art. 24 déclare cette disposition applicable aux sociétés anonymes.

Ces articles feraient-ils obstacle à une réduction de l'obligation imposée aux souscripteurs de libérer leurs actions? En cas de prompt succès de l'entreprise, il peut arriver qu'il soit inutile d'exiger les derniers versements et qu'une délibération spéciale en dispense les actionnaires. Y aurait-il là une violation de la loi, si les versements déjà faits ne s'élevaient pas au taux fixé par l'art. 1er? Nous ne l'admettons pas, car la disposition de l'art. 1er ne s'applique point à ce cas. En défendant l'émission des actions au-dessous d'un certain chiffre, la loi veut que les actionnaires prennent un intérêt sérieux à la société et que l'action ne devienne pas un billet de loterie. Mais elle n'a point d'autre but : il n'y

a aucune raison de demander aux actionnaires le versement du complément de leur mise, lorsque ce versement
n'est pas nécessaire, et qu'il ne peut en résulter aucun
préjudice pour personne. D'ailleurs le résultat serait
toujours le même, puisque l'actionnaire recevrait d'une
main, sous forme de dividende, ce qu'il verserait de
l'autre dans la caisse sociale.

La clause qui dispenserait les actionnaires de compléter leurs versements, opérant un changement aux conditions de la société, devrait être établie par une délibération de l'assemblée générale, et de plus être rendue
publique, aux termes de l'art. 46 C. Comm.

11.— Tant que l'action reste dans les mains de son propriétaire primitif, l'obligation de verser le montant lui est
nécessairement personnelle ; mais les actions étant cessibles de leur nature, on a dû se demander quelle serait
l'influence de la cession sur son obligation. Entre le
cédant et le cessionnaire, point de difficulté possible : le
cédant transfère son action avec les droits qui y sont
attachés, mais aussi, sauf stipulation contraire, avec la
charge d'opérer les versements restant à faire, s'il y en
a. Mais, vis-à-vis de la société, quelle sera la situation du
cédant et du cessionnaire? Si on ne consultait que les
principes du droit commun, on arriverait à ces deux
propositions : 1° l'actionnaire peut, à quelque moment
que ce soit, et même avant d'avoir rien versé lui–même,
céder son action à un tiers avec les bénéfices éventuels
qui y sont attachés, et avec l'obligation d'opérer les
versements à faire ; 2° vis-à-vis de la société, cette cession
n'empêche pas que le souscripteur primitif ne reste per-

sonnellement responsable du montant intégral de sa souscription, sauf son recours contre son cessionnaire : car on ne peut pas se substituer un autre débiteur sans le consentement du créancier, et en même temps le cession-naire pourrait aussi être directement poursuivi, comme ayant accepté l'obligation du cédant. Comme conséquence de cette règle, les actions devraient forcément rester nominatives jusqu'à leur entière libération, afin qu'on pût toujours s'adresser aux souscripteurs et aux proprié-taires actuels de l'obligation. Elles pourraient, au contraire, devenir au porteur après leur libération, car alors l'actionnaire, ne devant plus rien à la société, ne pourrait plus être que créancier de ses dividendes : or, qu'importe à la société de payer à tel ou tel ?

Mais ces règles ont subi des modifications dans les lois de 1856, 1863 et 1867. Toutes ont restreint la faculté de négociation des actions jusqu'à la libération d'une notable partie de leur montant ; la dernière a autorisé la conver-sion des actions en actions au porteur avant leur entière libération.

12. — Quant à la première question, l'art. 2 de la loi de 1867 calqué, sauf le chiffre, sur les dispositions de loi de 1856 et 1863, dispose : « Les actions ou coupons d'actions sont négociables après le versement du quart. » Quel est le motif de cette disposition ? Il n'est pas dans l'intérêt des créanciers de la société, puisque, nonobstant la cession, le souscripteur primitif resterait obligé. Mais on a entendu obvier à des fraudes à l'égard des tiers qui voudraient se rendre cessionnaires. Des spéculateurs pourraient fonder une société pour une entreprise

complétement illusoire, souscrire intégralement le capital
social, mais sans le verser ; et immmédiatement, à l'aide
d'une publicité trompeuse sur la valeur de l'opération,
ils céderaient leurs actions moyennant une prime à des
acheteurs de bonne foi, qui se trouveraient en présence
d'une entreprise irréalisable ; le seul but de la société
aurait été d'escroquer la prime. C'est à ce danger que la
loi a voulu obvier, en forçant les premiers souscripteurs à
verser eux-mêmes un quart de la mise ; ce sera une
garantie que l'entreprise est sérieuse.

13. — Une fois le quart versé, l'action devient cessible ; mais alors on se trouve en présence de la seconde
question ; l'actionnaire primitif ne doit-il pas rester responsable vis-à-vis de la société jusqu'à la libération complète de son action ? L'action, par conséquent, ne doit-elle
pas rester nominative ? Les lois de 1856 (art. 2 et 3) et
de 1863 (art. 3) avaient résolu cette question conformément au droit commun ; dans le système de ces lois,
l'action doit rester nominative jusqu'à son entière libération ; et le souscripteur primitif reste responsable du
versement intégral. Donc en cas de cession, peuvent être
tenus du versement : 1° le souscripteur primitif; 2° le
cessionnaire titulaire actuel ; 3° les cessionnaires intermédiaires.

La loi de 1867 a changé ces dispositions par son art. 3 ;
mais dans quelle mesure ? Le texte est ainsi conçu :

« Il peut être stipulé, mais seulement par les statuts
constitutifs de la société, que les actions ou coupons
d'actions pourront, après avoir été libérés de moitié,
être convertis en actions au porteur par délibération de
l'assemblée générale.

« Soit que les actions restent nominatives après cette
délibération, soit qu'elles aient été converties en actions
au porteur, les souscripteurs primitifs qui ont aliéné
leurs actions et ceux auxquels ils les ont cédées avant le
versement de moitié, restent tenus au payement du montant de leurs actions pendant un délai de deux ans, à
partir de la délibération de l'assemblée générale. »

La première question qui s'élève est celle-ci : Pour-
rait-il être stipulé par les statuts que le souscripteur primitif, sans céder son action, serait dégagé de l'obligation
du versement, et l'assemblée générale pourrait-elle le
décider valablement ?

L'affirmative soutenue par M. Rivière nous semble inad-
missible.

Les mots qui commencent l'art. 3 : *Il peut être stipulé*,
doivent s'appliquer à cette disposition tout entière. En
employant ces expressions, le législateur indique implicitement ce qui ne peut pas être stipulé, et s'il ne parle
de libérer au bout d'un certain temps que celui qui a
cédé son action, il faut en conclure que celui qui ne l'a
pas cédée reste tenu purement et simplement de son obligation.

Une autre question, plus directement résolue par le
texte, est de savoir à quelles conditions le souscripteur
qui aura cédé son action sera libéré de son engagement.

Avant la loi de 1856, il y avait sur ce point des diver-
gences dans l'opinion des auteurs et dans la jurisprudence.

L'opinion la plus généralement suivie, quoique la
moins juridique selon nous, consistait à considérer
comme délié de tout engagement l'associé qui avait cédé
son action. On appuyait ce résultat sur le principe même

de la société par actions. C'est précisément l'avantage et en même temps la cause de la prospérité des sociétés en commandite de donner facilement accès à tous les capitalistes, en leur permettant avec la même facilité de se retirer de la société. — Il faut que l'associé reste délié de tout engagement en se substituant une autre personne dans la société. La personne de l'associé n'entre en effet pour rien dans la société. Quand une souscription est ouverte, tout le monde est appelé à souscrire. La solvabilité des associés, les garanties qu'ils peuvent offrir, tout cela est le plus souvent ignoré des coassociés eux-mêmes. Qu'importe donc que l'action appartienne à telle ou telle personne ?

Donc l'action seule doit être débitrice, c'est-à-dire le porteur quel qu'il soit.

Ainsi le décidait la cour de Paris (22 mai 1852).

En sens contraire on répondait : La responsabilité est la conséquence nécessaire de la qualité de souscripteur ; elle est aussi le corollaire de cette règle, d'après laquelle le commanditaire est tenu jusqu'à concurrence de sa mise. D'ailleurs nul ne peut s'affranchir par son propre fait d'un engagement qu'il a contracté (Cour de Lyon, 9 avril 1856).

La loi du 17 juillet 1856 (art. 3), adoptant ce système, seul conforme aux vrais principes du droit commun, a décidé que le souscripteur primitif était responsable jusqu'à l'entière libération de son action, nonobstant toute stipulation contraire.

Le débat a été encore renouvelé, lors de la discussion de la loi du 24 juillet 1867.

Trois systèmes ont été développés.

Dans le système du gouvernement, la responsabilité des souscripteurs pour la totalité de leurs actions était admise en principe, mais il pouvait être stipulé par les statuts que le souscripteur qui aurait payé la moitié et qui aurait cédé son action ne serait plus garant du cessionnaire. — Les actions ne pouvaient être nominatives qu'après le versement intégral du capital.

D'après le système de la commission, les statuts pouvaient stipuler que, *sans qu'il y eût cession,* le souscripteur ne serait responsable que de la moitié de son action. — L'action pouvait être au porteur après ce versement de moitié.

Un troisième système, présenté par MM. Jules Simon et de Janzé, voulait que, malgré toute stipulation des statuts, le souscripteur restât tenu pour le tout jusqu'à l'entière libération : c'est le système du respect dû à la foi promise.

Bien que la discussion à laquelle a donné lieu la rédaction de l'art. 3 n'ait pas fait ressortir nettement la différence qui doit séparer le souscripteur qui n'a pas cédé et celui qui a cédé son action, nous n'en croyons pas moins que le texte définitif consacre cette différence.

Le souscripteur primitif qui n'a pas cédé son action reste donc tenu sans limitation de temps à faire le versement. Mais il reste à nous demander quel doit être le sort de l'engagement, lorsqu'il a cédé son action.

1° Si les statuts ne contiennent aucune stipulation, les actions devront rester nominatives, et l'engagement du souscripteur subsistera sans limitation de temps, jusqu'à l'entière libération, soit qu'il ait conservé son action, soit qu'il l'ait cédée à un tiers. Cette obligation nous paraît résulter du droit commun et des principes consacrés par la loi de 1856, auxquels la loi nouvelle n'a pas dérogé en ce point. On pourrait, il est vrai, dire que la clause de libération par le délai de deux ans, en cas de cession de l'action, est nécessairement sous-entendue, puisqu'elle est autorisée, même en laissant les actions nominatives. Mais cette clause est essentiellement dérogatoire au droit commun, consacré par la loi de 1856, et rien ne démontre que le législateur ait entendu en faire une règle générale.

2° Si les statuts autorisent la conversion des actions en actions *au porteur* après la libération de moitié, et que l'assemblée générale décide qu'il y a lieu de faire cette transformation, cette autorisation de conversion peut être considérée comme impliquant la libération par deux ans en cas de cession. Car la transformation de l'action en action au porteur lui ôte sa forme personnelle, et exclut l'idée d'une obligation de la part du titulaire. La libération s'opérera, soit que l'actionnaire ait profité de l'autorisation de convertir, soit qu'il n'en ait pas profité, et ait conservé son action nominative : on peut dire en effet que l'autorisation de convertir est censée contenir en elle-même le droit d'être libéré par deux ans en cas de cession.

La cession peut s'opérer à des moments divers; mais la règle de la loi est uniforme.

Si le souscripteur a cédé ses actions libérées de moitié, avant la délibération de l'assemblée, il est dégagé de toute responsabilité, après un délai de deux ans à partir de la délibération.

Si la cession n'intervient qu'après la délibération, le souscripteur sera encore libéré à l'expiration des deux ans qui suivront cette délibération.

Si la cession est postérieure à l'expiration des deux
ans, il paraît conforme à la loi d'affranchir immédiatement
le souscripteur de tout recours. L'analogie de situation
doit le faire décider ainsi.

14. — Quelles sont les obligations des cessionnaires?
Leur situation est réglée de la même façon que celle des
cédants. A l'expiration des deux ans qui suivent la délibération de l'assemblée générale, tous les cessionnaires
sont libérés, y compris même le dernier. D'où il suit
que tout débiteur disparaît. Tel ne devait pas être cependant le résultat de la cession. On comprend que le cédant
soit dégagé, puisqu'il se substitue une autre personne
dans la société. Mais il n'y a aucune raison d'affranchir
le porteur de l'action, puisqu'il succède à l'obligation
primitive, et qu'il est dans la même situation que le souscripteur qui n'a pas cédé son action. — Il peut même
arriver par suite de cette disposition de la loi, que le cessionnaire d'une action à moitié libérée soit dès le principe libéré de toute obligation. Ce fait se produira nécessairement s'il achète l'action plus de deux ans après la
délibération de l'assemblée générale; et alors, du même
coup, disparaîtra l'obligation du souscripteur primitif.
Des dispositions aussi incohérentes ont justement appelé
la critique des auteurs.

15. — Une fois la mise intégralement versée, soit par
le souscripteur primitif, soit par les cessionnaires, il
semble que toute obligation ait disparu pour eux. Mais
si on songe que les actionnaires peuvent sous diverses
formes retirer de la société ce qu'ils y ont mis, on voit
s'ouvrir un nouvel ordre de questions. L'actionnaire, en

sa qualité d'associé, doit rester toujours passible des pertes et responsable des engagements de la société, jusqu'à concurrence de la mise qu'il a dû apporter. De là plusieurs questions, dont la première est relative aux dividendes touchés par les associés.

Y a-t-il lieu au remboursement des dividendes et des intérêts légitimement perçus, si postérieurement la société ne peut plus remplir ses engagements ?

En ce qui concerne les dividendes, la pensée de la loi est certaine et peut se résumer ainsi : *Pas de dividendes fictifs.*

On peut se demander quel est le sens de cette expression introduite par la loi nouvelle et qui remplace les termes dont se servait la loi de 1856 : *dividendes non justifiés par des inventaires sincères et réguliers.* — L'exposé des motifs de la loi de 1867 nous donne la raison de ce changement : « L'expression *dividendes fictifs* a d'abord le mérite de laconisme. Elle a en outre l'avantage plus grand de mieux faire ressortir la pensée qui a constamment présidé à la rédaction de la disposition : elle exprime très-nettement que les dividendes dont la distribution engage la responsabilité de celui qui y concourt sont ceux qui ne représentent point de véritables bénéfices, ceux que le distributeur sait lui-même n'être que des bénéfices supposés. »

Les bénéfices d'une société constituant des fruits civils destinés à être consommés, il importe qu'ils ne soient pas pris sur le capital. Et, par suite, ils ne doivent être distribués qu'autant que la société offre un excédant d'actif sur le passif.

C'est l'inventaire qui doit établir cette situation

des affaires sociales. L'actif se compose des valeurs appartenant à la société, telles que le matériel, les marchandises, les effets en portefeuille et les créances diverses. Le passif, c'est le capital social, le fonds de réserve et les dettes de toute nature.

Que décider quand des dividendes ont été touchés dans ces conditions et que la société éprouve ultérieurement des pertes? La loi nouvelle de 1867 a mis fin à de graves controverses qui s'étaient élevées entre les auteurs et la jurisprudence et qu'il n'est pas sans intérêt de rappeler ici brièvement.

On avait soutenu la nécessité absolue de rapporter les bénéfices perçus, toutes les fois que la société se trouvait en perte après sa liquidation. On fondait cette théorie sur ce que le bénéfice ne peut être certain qu'à la dissolution de la société. Jusque-là il n'y a que des allocations provisoires qu'on ne saurait maintenir, lorsqu'à sa dissolution la société se trouve en perte. Tel est, disait-on, le vœu de la loi, puisque le commanditaire, en retenant ce qu'il a perçu, ne perdrait pas l'intégralité de la mise qu'il a versée, et qui se trouverait ainsi partiellement remboursée.

M. Delangle a victorieusement réfuté cette théorie en montrant combien elle s'éloignait du but de la société en commandite, tel que se l'était proposé l'ordonnance de 1673. Quel attrait, dit-il, aurait pu avoir la perspective d'un gain dont la réalisation, reportée dans l'avenir, n'aurait d'ailleurs été définitive qu'après une liquidation longue, embarrassée, soumise à toutes les fatalités de commerce? Exposés à perdre le capital dont ils ont fait l'avance, il ne faut pas que les commanditaires courent d'autres dangers. Il faut qu'ils ne puissent jamais être forcés de rapporter les fruits qu'ils ont reçus de bonne foi et consommés. Leur fortune pourrait succomber à ces retours imprévus.

On peut invoquer, à l'appui de cette opinion, l'art. 26 C. Comm. qui, en limitant la perte aux fonds que chaque actionnaire a versés ou doit verser, exclut implicitement la perte des bénéfices qui doivent être annuellement distribués, car telle est leur destination.

Ainsi, quant à la *distribution des dividendes faite régulièrement et sans fraude,* alors que la société était réellement un bénéfice, aucun doute ne peut s'élever. Ils sont réellement acquis lorsqu'ils résultent de livres exacts et d'inventaires fidèles.

L'obligation imposée à la société de dresser un inventaire nous donne la preuve que la loi entend séparer les bénéfices du capital. Le but essentiel et principal de l'inventaire est de permettre la distribution des dividendes, toutes les fois qu'il y a un excédant d'actif sur le passif.

Il serait donc contraire à l'essence et à l'organisation de la société par actions de considérer les bénéfices communs des allocations provisoires, dont le partage ne pourrait être déterminé qu'à la dissolution de la société. Aussi, même avant la loi de 1867, la jurisprudence avait-elle repoussé depuis longtemps l'opinion d'après laquelle des dividendes légitimement perçus devraient être rapportés en cas de pertes ultérieures.

16. — Ce que nous venons de dire des dividendes réels sera-t-il vrai des dividendes fictifs ?

Avant la loi de 1867, la jurisprudence décidait avec

raison que les dividendes non justifiés par les bénéfices de la société devaient être rapportés par les actionnaires qui les avaient touchés. Peu importait que les actionnaires eussent été de bonne ou de mauvase foi. (Cas. D. 62, 1, 166. — 63, 1, 125. — Angers, D. 65, 2, 67. — Caen, 65, 2, 192. — *Contra* , Aix. D. 62, 2, 148. Alger. D. 67, 2, 229.) Les dividendes fictifs ne sont, en effet, autre chose qu'une portion du capital , qui est remise aux actionnaires ; en la reprenant, les actionnaires reçoivent ce qui ne leur est pas dû ; ils violent la loi du contrat. Lors même qu'ils ont été trompés par le gérant, ils n'en doivent pas moins le rapport, car ils ont eu le droit d'exiger un inventaire sérieux; et s'il n'y a pas eu d'inventaire, ou si l'inventaire a été faussé, on peut imputer une faute aux actionnaires représentés par leur conseil de surveillance. D'ailleurs, ils doivent souffrir de l'infidélité du gérant qui est leur mandataire, plutôt que les créanciers.

Cependant la loi de 1867 , dans son article 10 , a fait une distinction entre les dividendes fictifs perçus de bonne foi ou de mauvaise foi :

« Aucune répétition de dividendes ne peut être exercé contre les actionnaires si ce n'est dans le cas où la distribution en aura été faite en l'absence de tout inventaire ou en dehors des résultats constatés par l'inventaire.

« L'action en répétition, dans le cas où elle est ouverte, se prescrit par cinq ans, à partir du jour fixé pour la distribution des dividendes.

« Les prescriptions commencées à l'époque de la promulgation de la présente loi, et pour lesquelles il faudrait encore, suivant les lois anciennes, plus de cinq ans à partir de la même époque, seront accomplies par ce laps de temps. »

Il résulte de cette disposition qu'en principe il n'y a pas lieu à répétition des dividendes fictifs. Les créanciers ne seraient admis à en demander la répétition qu'en prouvant que l'actionnaire les a reçus de mauvaise foi.

Il y aurait présomption légale de mauvaise foi dans les deux hypothèses prévues par la loi : 1° s'il n'y avait pas eu d'inventaire; 2° si le dividende était en désaccord avec les résultats de l'inventaire.

En dehors de ces deux hypothèses, si des actionnaires avaient reçu *sciemment* le payement de dividendes fictifs, il n'est pas douteux qu'ils seraient sujets à répétition : car il est de principe que la fraude fait exception à toutes les règles.

La disposition qui consacre ce système n'a point été adoptée sans élever au Corps législatif de vives protestations. On a dit : « Voilà une société qui a fait un inventaire; mais l'estimation de toutes les valeurs mobilières et immobilières qu'il renferme est exagéré. Cet inventaire a été faussé; il présente comme étant en bénéfice une société qui est réellement en perte ; et, dans ce cas, comme il y a un inventaire, comme la distribution des dividendes sera en harmonie avec les résultats de l'inventaire, les actionnaires toucheront, sans pouvoir être recherchés, un dividende qui, en fait, ne sera qu'une partie du capital social, du gage des créanciers. D'ailleurs, comment prouver la mauvaise foi des actionnaires, en dehors des cas prévus par la loi ? ce sera presque impossible. Et en admettant même leur bonne foi, devrait-elle aboutir à priver les créanciers de leur gage légitime? »

A ces critiques, on a répondu que les tiers avaient une garantie dans la responsabilité civile et même pénale du gérant, et dans la responsabilité du conseil de surveillance.

Dans le cas où des dividendes indûment perçus doivent être restitués par les actionnaires, quel est le caractère de leur obligation ; est-elle civile ou commerciale? Cette obligation n'est qu'une conséquence de celle de verser la mise elle-même; elle doit donc avoir le même caractère commercial. Cette solution avait été admise en général par la jurisprudence des Cours impériales. (Rouen, D. 62, 2, 106. — Caen, D. 65, 2, 192. — *Contra*, Angers, D. 65, 2, 67.) La Cour de cassation l'avait elle-même décidé ainsi quant à la question de compétence. (D. 63, 1, 125.) Cependant, au point de vue de la contrainte par corps, elle avait depuis décidé que l'obligation de restituer les dividendes fictifs était purement civile. (D. 67, 1, 193.) Cette obligation, dit l'arrêt, n'a rien de commun avec l'engagement primitif du commanditaire, lequel a été définitivement éteint par le versement de sa mise. Ce nouvel engagement, à la différence du premier, n'a pas lieu en vue de créer une société commerciale ; il résulte uniquement d'un fait involontaire d'indue réception de payement, qui, de la part d'un non-commerçant, ne peut revêtir le caractère d'un acte de commerce. Cet arrêt, dont la doctrine a été critiquée, ne pouvait d'ailleurs s'appliquer qu'aux dividendes perçus de bonne foi : car, alors seulement, la réception de l'indû est involontaire. Depuis la loi de 1867, l'obligation de restituer doit donc avoir le caractère commercial, comme conséquence de l'obligation primitive. La même solution s'appliquera à toutes les restitutions dont nous parlerons plus loin.

16. — *Des intérêts*. — Avant les lois nouvelles, il était souvent stipulé dans les statuts par actions qu'en dehors des dividendes, il serait payé aux actionnaires un intérêt fixé en général à 5 0|0 du montant nominal des actions. Même sous l'empire de ces lois, on l'établit encore dans beaucoup de sociétés.

Cette convention a pour but de donner satisfaction aux petits capitalistes qui consentiraient difficilement à engager leurs capitaux s'ils devaient attendre, pour en toucher au moins l'intérêt, la réalisation du bénéfice. De plus elle assure à ceux qui ont des actions proprement dites, ou de capital, une part plus forte dans les bénéfices qu'à ceux qui n'ont que des actions industrielles, de jouissance ou de prime.

Mais cette convention doit-elle être licite dans tous les cas, aussi bien lorsque la société est en bénéfices qu'après un inventaire en perte ? Dans le premier cas, la convention est valable, car l'intérêt n'est autre chose qu'une portion de dividende payable par provision. Elle peut être exécutée puisque nul n'a intérêt à en contester la validité.

Mais après un inventaire en perte, on ne peut pas plus accorder aux actionnaires des intérêts que des dividendes. Ce résultat serait contraire aux principes. On ne peut l'admettre qu'en reconnaissant à l'associé une qualité qui ne saurait lui appartenir, celle de bailleur de fonds. Or la qualité d'associé exclut celle de prêteur, car il serait étrange que la société payât un loyer quelconque des choses lui appartenant, telles que les mises qui ont été versées.

L'intérêt, de même que le dividende, ne peut consister

5

que dans le produit de la mise, et non être prélevé sur la mise elle-même.

On ne saurait en effet confondre les intérêts avec le produit de la mise ; la confusion de ces deux expressions amène une grave altération des principes. L'intérêt, dans le cas que nous avons supposé, celui d'un inventaire en perte, ne peut constituer une partie de l'actif social ; tant qu'il n'y a pas d'excédant d'actif sur le passif, la société ne peut avoir aucun gain à distribuer, sous quelque forme que ce soit ; il ne suffit pas de qualifier d'*intérêts* une partie du capital pour accorder aux actionnaires ce qu'ils ne pourraient recevoir sous forme *de dividendes*.

Si les associés avaient le droit de prélever un intérêt déterminé en l'absence de bénéfices réalisés, ils partageraient le fonds social lui-même. Or il est de principe que toute clause qui réserverait à l'actionnaire la faculté de reprendre tout ou partie de sa mise serait nulle. Donc la stipulation d'intérêts en l'absence de bénéfices doit être nulle.

On objecte en vain que les tiers ne peuvent se plaindre d'un droit dont l'existence leur a été annoncée par la publication de l'acte de société.

- En décidant que la mise, une fois versée, devient la propriété de la société et le gage des créanciers, la loi n'aurait pu être inconséquente avec elle-même au point de permettre de retirer d'une main aux créanciers ce qu'on semble leur accorder de l'autre. Les tiers ne peuvent donc être tenus de respecter cette convention qu'autant qu'elle a été loyalement exécutée, c'est-à-dire lorsqu'elle ne porte aucune atteinte au capital social.

Malgré la force de ces raisonnements, la jurisprudence

tendait de plus en plus à considérer comme valable la stipulation d'intérêts, sans qu'il soit besoin que le payement soit précédé d'un inventaire établissant l'existence de bénéfices, et même dans le cas où la société serait en perte. On considérait que les actionnaires recevaient les intérêts stipulés, en vertu d'une convention qui faisait la loi des parties et comme créanciers légitimes de la société. C'était introduire dans la personne des actionnaires une distinction de qualité contraire à la nature des choses. (V. Cass. D. 47, 1, 199. — Paris, 61, 2, 123. — Angers, 65, 2, 67. — Caen, 65, 2, 192. — Cass. 67, 1, 193. — Contrà : Lyon D. 65, 2, 197.) Un arrêt avait même jugé explicitement que les intérêts n'étaient pas restituables quoique perçus sciemment et de mauvaise foi (D. v° Société, n° 1396) : c'était la conséquence logique du système qui considérait la clause comme licite et les actionnaires comme créanciers.

L'usage de la distribution des intérêts était si ancien et si généralement suivi qu'il n'a cessé de prévaloir. Il a toujours été admis que si les intérêts avaient été perçus de bonne foi, il ne pouvait y avoir lieu à restitution. — Il y avait, dans la question de bonne foi, une appréciation de fait souverainement déférée aux tribunaux.

La loi de 1856 ne s'était pas prononcée sur cette question, et on avait même induit de son silence l'intention de laisser subsister l'usage de la stipulation des intérêts.

La loi de 1867 ne s'est pas expliquée non plus sur ce point. Mais on trouve dans le rapport et dans la discussion la preuve que le législateur a voulu assimiler l'intérêt au dividende. Ainsi on lit dans le rapport (p. 40) : La divergence et la difficulté commencent, à vrai dire, là seulement où c'est un dividende et *un intérêt* fictifs qui ont été répartis. »

Ainsi, sous l'empire de la nouvelle loi, les deux questions de distribution soit d'intérêts, soit de dividendes, n'en forment qu'une seule, et c'est le cas d'appliquer la disposition de l'art. 10 dont nous nous sommes déjà occupé.

17. — Nous avons vu que le gérant ne peut pas dispenser les actionnaires de verser l'intégralité de leur mise. Le souscripteur ne peut pas davantage se faire rembourser par la société les versements par lui. effectués : telle est la raison d'être des solutions que nous venons d'examiner.

Mais il est un genre de fraude facile à pratiquer de la part du souscripteur dans le but de déguiser le retrait de sa mise : c'est de céder son action au gérant en se faisant rembourser tout ou partie des sommes versées, de même qu'on pourrait céder les actions non libérées pour se dispenser d'opérer le versement.

La jurisprudence a dû distinguer parmi les cessions faites au gérant celles qui sont sérieuses et celles qui n'ont pour but que ce remboursement illicite.

Ainsi, il est permis au gérant de faire une spéculation individuelle, en achetant les actions des associés. De même la rétrocession doit être validée si le gérant a fait des actions remboursées l'objet d'une négociation nouvelle qui a rempli, en faveur de la société, le découvert produit par le payement de ces actions; il faudra seulement alors justifier l'identité des actions remboursées ou rétrocédées avec celles qui ont été négociées (V. Dijon, D. 62, 2, 184. — Cass. D. 67, 1, 499).

Mais la rétrocession des actions au gérant doit être annulée si elle a pour unique but un remboursement total ou partiel de la mise au préjudice des créanciers sociaux (Cass. D. 65, 1, 479. — Paris, D. 62, 2, 184). C'est ce qui aurait lieu dans le cas où il serait démontré que le gérant a remboursé les actions avec des valeurs prises dans la caisse sociale.

On s'est demandé si une société pourrait employer une partie de son capital improductif à acheter ses propres actions. La légalité d'une telle opération a été soutenue. Cependant il suffit de considérer le résultat qu'elle produit pour se convaincre qu'elle ne saurait être valable. L'achat par la société de ses propres actions n'est autre chose que le remboursement fait à un associé de la mise qu'il a versée. Or nous venons de dire que cette restitution n'est jamais permise, sous quelque forme qu'elle se produise. Mais outre cet argument tiré des principes les plus essentiels de la société en commandite on peut ajouter qu'il y aurait, en fait, un grave inconvénient à admettre la validité de cette opération. L'achat par une société de ses propres actions serait une dissolution partielle de la société. L'associé qui céderait ainsi ses actions ne serait remplacé par personne dans la société. Il est vrai que la loi ne tient pas compte de la personne de tel ou tel associé en particulier ; nous savons cependant qu'elle engage les porteurs des actions, au moins pendant un certain temps, dans l'intérêt des créanciers. Or le droit des créanciers serait manifestement violé si l'on faisait disparaître, sans aucune compensation, la garantie que leur offre la personne d'un associé.

Ces solutions ne souffrent presque aucune difficulté tant que les actions sont nominatives ; mais si les actions rachetées par la société ou par le gérant sont au porteur et entièrement libérées, il n'en sera plus de même. On ne pourra presque jamais réclamer le rapport du prix de cession au porteur qui aurait cédé son action à la société ; rien ne lui est plus facile en effet que de céder son action et d'en toucher le prix, sans que son nom soit mentionné ; il sera donc impossible de le retrouver. D'un autre côté, on ne pourra pas inquiéter le souscripteur primitif qui aurait mis l'action en circulation : car, en la vendant à un tiers autre que la société, il n'a fait qu'user de son droit ; il n'a point obtenu un remboursement, il a cédé une créance.

18. — *Défense faite aux commanditaires de s'immiscer dans la gestion.* — La défense faite aux commanditaires de s'immiscer dans la gestion est de l'essence de la société en commandite. Aussi, elle a été consacrée par toutes les dispositions législatives qui ont régi successivement les sociétés, et qui l'ont cependant étendue ou restreinte. Ainsi elle a passé par des phases diverses. Sous l'ordonnance de 1673, il était permis aux commanditaires de faire des actes isolés de gestion.

Le Code de Commerce établit et sanctionne de la manière suivante la défense de s'immiscer dans la gestion : « Art. 27. L'associé commanditaire ne peut faire aucun acte de gestion, ni être employé pour les affaires de la société, même en vertu de procuration.

« Art. 28. En cas de contravention à la prohibition mentionnée dans l'article précédent, l'associé commanditaire est obligé solidairement, avec les associés en nom collectif, pour toutes les dettes et engagements de la société. »

La défense d'être employé pour les affaires de la société a été supprimée, et la sanction a été modérée par la loi du 6 mai 1863, qui a modifié les art. 27 et 28, ainsi qu'il suit :

« Art. 27. L'associé commanditaire ne peut faire aucun acte de gestion, même en vertu de procuration.

« Art. 28. En cas de contravention à la prohibition mentionnée dans l'article précédent, l'associé commanditaire est obligé solidairement avec les associés en nom collectif, pour les dettes et engagements qui dérivent des actes de gestion qu'il a faits, et il peut, suivant le nombre ou la gravité de ces actes, être déclaré solidairement obligé pour tous les engagements de la société ou pour quelques-uns seulement. — Les avis et conseils, les actes de contrôle et de surveillance n'engagent point l'associé commanditaire. »

La défense imposée aux commanditaires de s'immiscer dans la gestion, est justifiée par des raisons sérieuses.

Là où est la responsabilité, là doit être l'action ; là où est l'irresponsabilité, là doit être l'abstention. La pratique démontre cette vérité. Il suffit de connaître l'organisation de la société en commandite pour prévoir combien il serait imprudent et dangereux de confier la gestion des affaires sociales à celui qui n'est engagé que jusqu'à concurrence de sa mise. On comprend en effet qu'il puisse se laisser entraîner à des actes irréfléchis, pour courir la chance de réaliser un bénéfice, sachant que sa perte sera toujours limitée, et qu'il n'a d'autres risques à courir que de perdre le montant de sa mise, qui peut être d'une minime importance.

C'est pour ce motif surtout que le Code de Commerce a voulu que les commanditaires restassent en dehors de l'administration, et qu'ils n'y prissent aucune part. Une autre raison justifie encore sa disposition : si les commanditaires faisaient des actes de gestion, les tiers qui traitent avec la société pourraient les croire co-gérants, et compter par conséquent sur leur responsabilité personnelle ; ils seraient induits en erreur par l'apparence, et la fraude pourrait s'emparer de cette manière de procéder.

Le projet primitif de l'art. 27 était ainsi conçu : « L'associé commanditaire ne peut concourir comme gérant aux achats, ventes, obligations et engagements concernant la société. » Ce projet rencontra des réclamations contradictoires. Le mot *concourir*, dont le sens est trop général et qui n'implique pas toujours de la part du commanditaire une participation directe à la gestion des affaires sociales, fut supprimé sur l'observation du Tribunat.—D'un autre côté, les mots *achats, ventes,* etc., ont été remplacés par l'expression plus générale d'actes de gestion.

Il résulte de l'art. 27 que les commanditaires ne pourraient pas même servir d'intermédiaires à des actes de gestion que le gérant voudrait faire par leur entremise.

Cependant on aurait pu croire que l'acte ainsi fait n'était pas celui du commanditaire, mais bien celui du gérant, puisqu'il est de principe que ce qui est fait par le mandataire est censé fait par le mandant.

Les rédacteurs du Code de Commerce ont été au-devant

de cette objection en étendant la prohibition : l'expérience avait démontré qu'il y aurait de graves inconvénients à permettre aux commanditaires de prêter leur
entremise aux gérants pour des actes de gestion. Des
spéculateurs aventureux pouvaient choisir et mettre à la
tête de la société un gérant qui devait seulement prêter
son nom, tandis que les commanditaires dirigeaient réellement la société en qualité de fondés de pourvoirs de ce
gérant. Leurs opérations étaient d'autant plus hasardeu-
ses qu'en cas de faillites leur fortune et leur réputation
ne devaient pas être compromises. Il leur suffisait d'abandonner aux poursuites des créanciers, pour toute garantie, un gérant sans solvabilité.

La loi a surtout voulu empêcher que, sous prétexte d'une
procuration dont l'existence aurait été en fait une des
conditions tacites du contrat, le commanditaire ne devînt
le gérant de la société.

Les actes qu'elle a voulu principalement interdire
sont ceux qui mettent les représentants de la société en
rapport avec les tiers, les achats, les ventes, les baux, les
conventions quelconques.

Mais il y a une limite où doit s'arrêter la prohibition.

Ainsi, l'immixtion ne saurait être constituée par des
mesures de surveillance, autorisées ou non par l'acte
social. On devait donc laisser aux commanditaires la faculté de donner des conseils, d'émettre des vœux, etc.
Cette règle, déjà fixée par la jurisprudence sous l'empire du
Code de Commerce, a été consacrée par la nouvelle rédaction de l'art. 28.

Mais ce droit de surveillance ne saurait dégénérer en
participation à la gestion. Le droit de consentir chaque

opération serait incompatible avec la qualité de commanditaire : si par conséquent les commanditaires s'étaient réservé le pouvoir de concourir à l'administration, en stipulant que le gérant ne pourrait rien faire que de leur consentement, il y aurait là une participation directe et effective à la gestion.

Il ne faut donc pas que les commanditaires aient le droit de peser sur la gestion, d'en permettre ou d'en prohiber les actes divers ou successifs. Les délibérations des commanditaires ne sauraient être, en règle générale, obligatoires pour le gérant. La liberté d'action de celui-ci est une condition essentielle, non-seulement à l'organisation de la commandite, mais encore à sa bonne administration. Le commanditaire qui n'engage que sa mise ne peut avoir la même prudence que celui qui engage indéfiniment sa fortune.

Le rôle du gérant est un rôle actif et suppose la connaissance, l'expérience des affaires. Tout autre est le rôle des commanditaires. Etrangers au commerce, simples bailleurs de fonds, il ne sont pas, le plus généralement, à même de juger, ainsi que le gérant, de la convenance ou de l'utilité des opérations sociales. — En limitant les pouvoirs du gérant, on pourrait arrêter le cours et la prospérité des affaires sociales.

Le rôle des commanditaires dans la gestion doit donc rester un rôle de surveillance.

Il est certain que la clause par laquelle les commanditaires se seraient réservé de prendre des délibérations obligatoires pour le gérant est nulle, quant au caractère obligatoire. Mais par cela même, nous n'admettons pas que l'existence de cette clause dans les statuts sociaux soit de nature à faire déchoir les commanditaires de leur qualité ; ce que la loi défend aux commanditaires, c'est de faire eux-mêmes des actes de gestion, mais nous savons qu'elle ne leur défend pas de *concourir* aux actes de gestion, ni par conséquent de délibérer sur ces actes.

Dira-t-on que ce ne sont pas les gérants qui ont, dans ce cas, la direction des affaires sociales, mais bien les commanditaires, direction d'autant plus dangereuse de leur part qu'elle ne s'exerce pas ouvertement, mais par l'intermédiaire du gérant ?

Mais si l'on admet, ainsi que nous le faisons, que les délibérations de la société ne sont pas obligatoires pour le gérant et ne peuvent avoir qu'un caractère consultatif, cet inconvénient disparaît. Que le commanditaire reste à l'abri d'une responsabilité illimitée, puisque les avis qu'il exprime n'ont d'autre valeur qu'un simple conseil ; que le gérant demeure responsable de ses actes, puisqu'il agit volontairement ; qu'il mesure les conséquences qui doivent en résulter pour lui-même et qu'il apporte toujours la même prudence que si sa détermination était spontanée.

On décide, par une conséquence des mêmes principes, qu'il n'y a point immixtion dans la gestion, notamment dans le cas où un gérant, pour faire certains actes qui excèdent ses pouvoirs, par exemple pour faire un appel de fonds, contracter un emprunt hypothécaire, aliéner un des immeubles de la société, a demandé l'autorisation de l'assemblée générale.

Enfin, si un associé traite avec la société en son nom privé, comme le ferait un tiers étranger à la société, qu'il lui vende ou lui achète un immeuble, il n'y a pas là un acte d'immixtion dans les affaires sociales.

19. — Le commanditaire qui s'est immiscé dans la gestion n'est point déchu de sa qualité d'associé. La loi veut seulement qu'il devienne obligé solidairement pour les dettes et engagements de la société, qui dérivent des actes de gestion qu'il a faits; il peut, de plus, suivant le nombre ou la gravité de ces actes, être déclaré solidairement obligé pour tous les engagements de la société ou pour quelques-uns seulement. Telle est la sanction de la prohibition. D'après le texte primitif du Code de commerce, elle était plus sévère : le commanditaire qui s'était immiscé était tenu solidairement de tous les engagements de la société sans distinction; il était traité comme associé en nom collectif.

On a élevé la question de savoir si l'associé qui est ainsi devenu responsable aurait contre la société un recours pour tout ce qu'il a payé au delà de sa mise. M. Troplong admet l'affirmative par la raison que les tiers seuls peuvent être trompés, en traitant avec le commanditaire, tandis que d'associé à associé l'erreur est impossible; leurs positions respectives ont été déterminées à l'avance d'une façon non équivoque : dans ses rapports avec ses coassociés, le commanditaire ne doit jamais être tenu que jusqu'à concurrence de sa mise.

Cette raison est loin d'être décisive : car, d'une part, la prohibition de s'immiscer est établie non-seulement en faveur des tiers, mais aussi dans une certaine mesure en faveur des autres associés dont les fonds pourraient être imprudemment compromis par la gestion illégale d'un commanditaire; il n'est donc pas juste que la société supporte les conséquences d'une contravention commise contre elle. D'ailleurs la détermination prise par le commanditaire a été spontanée et volontaire. Cela suffit pour qu'il ne puisse pas répudier les conséquences de ses actes. Enfin, l'art. 1860 C. N. refuse à l'associé qui n'est point administrateur le droit d'aliéner ou d'engager les valeurs de la société. Or, si le commanditaire qui s'est immiscé avait un recours contre la société, il engagerait indirectement cette société.

M. Delangle distingue entre le cas où le commanditaire a agi volontairement et celui où il ne s'est immiscé dans la gestion que du consentement du gérant ou à son instigation. Cette distinction arbitraire doit être rejetée. On doit considérer en effet comme impossible qu'une opération se fasse sans le consentement exprès ou tacite du gérant ; et d'ailleurs, son consentement n'oblige à rien le commanditaire. Et puis, il y a une grande différence entre consentir et agir. Si le gérant avait à exécuter lui-même l'opération, il y apporterait sans doute plus de prudence et de circonspection. Le résultat n'est donc pas le même dans les deux cas.

Le commanditaire n'aurait de recours à exercer que dans l'hypothèse où, victime de manœuvres déloyales, il aurait été entraîné malgré lui à des erreurs impossibles à prévoir.

D'après le texte primitif du Code de commerce, le commanditaire qui s'était immiscé dans la gestion était responsable de tous les engagements de la société, même antérieurs à son acte de gestion ; d'après la disposition nouvelle, il ne pourrait être responsable vis-à-vis des créanciers antérieurs, que si la justice le déclarait responsable de tous les engagements sociaux, à raison du nombre et de la gravité de ses actes de gestion ; mais il arri-

vera bien rarement qu'on fasse rétroagir cette responsabilité aux engagements antérieurs à ces actes. De même,
sous l'empire de l'ancien texte, le commanditaire qui
s'était immiscé devenait associé en nom collectif, et si la
société tombait en faillite, il y tombait forcément lui-
même (art. 28, 438, 458 C. Com.); mais la disposition
nouvelle, même lorsqu'elle permet d'édicter contre lui
une responsabilité générale, ne le déclare cependant pas
associé en nom collectif; et il ne pourrait être mis en
faillite avec la société, que si la série de ses actes pouvait
par elle-même le faire considérer comme commerçant.

Faisons observer en terminant que la disposition des
art. 27 et 28 est presque inapplicable quand les actions
sont au porteur : le titre ne rattache pas l'une à l'autre
l'action et la personne, et si on essayait de faire déclarer
une personne responsable, parce que, détenant une action
au porteur, elle se serait immiscée dans la gestion, on
soulèverait de graves difficultés de preuve : la loi serait
alors si facile à éluder que sa prohibition peut être considérée comme illusoire.

DEUXIÈME PARTIE.

—◆—

DROITS DES ACTIONNAIRES.

20. Droits résultant directement de l'action. Son caractère.

21. Droit aux dividendes et intérêts.

22. Droit au partage après la dissolution.

23. Droits divers de l'actionnaire.

24. Droit de délibérer aux assemblées générales. Vérification des apports.

25. Nomination du conseil de surveillance dans la commandite, des administrateurs et des commissaires dans les sociétés anonymes.

26. Conditions de participation aux assemblées générales.

27. Conditions nécessaires pour la constitution des assemblées générales.

28. Pouvoirs des assemblées générales.

29. Droit de prendre communication des rapports, bilans et inventaires.

30. Droit de demander la nullité ou la dissolution de la société.

31. Responsabilité du gérant dans les sociétés en commandite, des administrateurs dans les sociétés anonymes.

32. Responsabilité du conseil de surveillance dans les sociétés en commandite, pour les nullités dans leur constitution.

33. Responsabilité du conseil de surveillance pendant le cours de la société.

34. Responsabilité des commissaires dans les sociétés anonymes.

35. Concours des actionnaires avec les créanciers.

20. — Le droit principal de l'actionnaire est représenté par son action elle-même ; il se traduit en deux effets principaux : toucher les dividendes résultant des bénéfices opérés pendant le cours de la société , prendre part au partage de l'actif social après la dissolution de la société. C'est donc un droit de créance pendant la durée de la société, un droit de copropriété après sa dissolution.

La copropriété n'existe pas pendant la durée de la société ; la propriété des choses sociales appartient à la société considérée comme une personne morale ; les associés n'ont qu'un droit à toucher les dividendes, droit exclusivement mobilier. L'art. 529 C. N., le décide ainsi, en rangeant parmi les meubles par la détermination de la loi : « les actions ou intérêts dans les compagnies de finance, de commerce ou d'industrie, encore que des immeubles dépendant de ces entreprises appartiennent aux compagnies. Ces actions ou intérêts sont réputés meubles à l'égard de chaque associé seulement, tant que dure la société ». Une fois la société dissoute, la personne morale disparaît ; les associés se trouvent donc directement en contact avec les choses sociales ; et si ces choses comprennent des meubles et des immeubles, leur droit est partie mobilier et partie immobilier, ou, pour parler plus exactement, il est mobilier ou immobilier sous condition, selon que pour l'effet du partage ou de l'adjudication, ils obtiendront de l'argent ou des immeubles : l'attribution qui sera faite aura l'effet déclaratif (art. 883-1872, C. N.).

De cette distinction résultent, entre autres, les conséquences suivantes : 1° Si l'un des actionnaires se marie sous le régime de la communauté légale pendant que la société subsiste encore, son droit, exclusivement mobilier, tombe dans la communauté ; et lors même que plus tard, à la suite de la liquidation, il deviendrait propriétaire d'un des immeubles sociaux, ce serait encore la communauté qui en profiterait : car l'acquisition de cet immeuble ne serait que la conséquence du droit mobilier primitif. —Si, au contraire, l'actionnaire se mariait sous le régime de la communauté légale, alors que la société est

dissoute et non encore liquidée, ses droits d'associé tom-
beraient ou non dans la communauté, selon qu'à la suite
de la liquidation, il obtiendrait de l'argent ou des immeubles.

2° Pendant le cours de la société, l'hypothèque consentie par l'un des actionnaires, en son nom personnel, sur
un immeuble de la société, serait nulle et sans effet; elle
ne deviendrait même pas valable, si plus tard il devenait
propriétaire de l'immeuble hypothéqué : car pour hypo-
théquer il faut être *actuellement* propriétaire (art. 2129,
C. N.). Au contraire, l'hypothèque consentie par un
actionnaire après la dissolution de la société serait
valable s'il devenait propriétaire de l'immeuble hypothéqué : en effet, au jour de la dissolution il a un droit
conditionnel sur les immeubles hypothéqués, et si l'un
d'entre eux lui est attribué par suite du partage ou
de l'adjudication, il sera censé avoir été propriétaire du
moment même de cette dissolution (art. 883) ; et l'hypothèque consentie *pendente conditione* est valable (article
2125, C. N.).

Voyons comment s'exerce le droit de l'actionnaire, soit
quant aux dividendes, soit quant au partage.

21. — Le droit aux dividendes, pour l'associé, est
proportionnel aux bénéfices ; s'il n'y a point de bénéfices,
il ne doit point y avoir de dividendes.

Les bénéfices, nous l'avons vu, s'établissent d'après les
inventaires ; mais quelles règles doit-on suivre dans les
inventaires eux-mêmes, pour l'évaluation des bénéfices?
Le principe dominant, c'est qu'on ne doit prendre en
considération que les bénéfices certains et réalisés, mais

6

non les bénéfices aléatoires, qui ne sont encore qu'une expectative. Mais l'application de ce principe est délicate. D'après certains auteurs, il n'y aurait de bénéfice certain et réalisé que le bénéfice encaissé : car si le bénéfice est représenté par des recouvrements à faire, des événements ultérieurs, tels que des faillites, peuvent rendre l'actif inférieur au passif et faire évanouir les bénéfices. Cette opinion est trop rigoureuse : on objecte avec raison que l'actif social ne peut être définitivement vendu, réalisé et encaissé qu'à la dissolution ; il faudrait donc attendre cette dissolution pour distribuer des dividendes. La véritable règle à suivre, c'est de compter dans l'actif pour leur valeur nominale les bonnes créances, de réduire les mauvaises à leur juste valeur.

Peut-on, d'un autre côté, compter comme bénéfices actuels ceux qui doivent résulter d'un marché ou d'une opération quelconque qui promet d'être avantageuse, si on suppose, par exemple, qu'un achat ait été fait dans de bonnes conditions et que la vente ne soit pas faite ? En pareil cas, le résultat est encore incertain ; le bénéfice ne sera réalisé que lorsque l'opération aura été menée à sa fin, lorsque la revente aura eu lieu. Aussi la jurisprudence décide-t-elle qu'il n'y a pas alors lieu à distribuer des dividendes. (Cass. D. 62, 1, 307. — Caen, D. 65, 2, 192.) « On ne partage pas, disait M. Dupin, des espérances même bien fondées ; on ne partage pas une clause, mais des écus. Un dividende, avant de sortir de la caisse sociale, doit y être entré. » Il faut cependant remarquer que si l'opération était complète et se traduisait en une bonne créance, on pourrait la compter comme bénéfice avant le recouvrement : il ne faut pas confondre le bénéfice réalisé et le bénéfice encaissé.

En cas de bénéfices réalisés, l'actionnaire a droit à son dividende ; si dans les statuts il a été stipulé que sa mise produirait intérêt, ses intérêts ne peuvent, d'après l'opinion qui nous semble être celle du législateur, être payés que comme une portion des dividendes ; si les bénéfices ne fournissent pas de quoi les payer, l'actionnaire ne peut pas les exiger, et il serait tenu de les rapporter s'il les avait reçus sciemment.

Les bénéfices réalisés doivent-ils être intégralement répartis entre les divers porteurs d'actions, à titre de dividendes ? Il est d'une sage prévoyance de réserver une partie de ces bénéfices pour répondre aux nécessités inattendues et aux pertes qui peuvent atteindre la société : aussi dans les sociétés en commandite par actions, les statuts imposent-ils ordinairement l'établissement d'un fonds de réserve. Dans les sociétés anonymes, la loi elle-même le prescrit. « Il est fait annuellement, dit la loi de 1867, art. 36, sur les bénéfices nets, un prélèvement d'un vingtième au' moins, affecté à la formation d'un fonds de réserve. Ce prélèvement cesse d'être obligatoire lorsque le fonds de réserve a atteint le dixième du capital social. »

L'établissement de ce fonds de réserve, alors que les sociétés anonymes étaient soumises à l'autorisation du chef de l'État, était une règle suivie par le gouvernement. Une instruction du ministre de l'intérieur du 11 juillet 1818 la consacrait formellement, et donnait à cet égard diverses dispositions : d'après cette instruction, il n'était pas permis de distribuer de dividendes jusqu'à ce que le fonds social, s'il avait été entamé, fût ramené à son chiffre primitif ; mais on ajoutait que la défense de distribuer des bénéfices ne devait pas empêcher les actionnaires de retirer l'intérêt simple de leur mise. (V. D. v° Société, n° 1459, note.)

Faut-il encore faire la distinction ? La distribution des intérêts aux actionnaires doit-elle passer avant la réserve, en supposant, bien entendu, qu'il y ait des bénéfices ? On peut dire que les intérêts payés aux actionnaires ne sont en réalité que des dividendes sous un autre nom ; que, par conséquent, il faut prélever le fonds de réserve sur les bénéfices avant de payer les intérêts. Le principe de cette solution est exact ; mais l'intention du législateur paraît avoir été de reproduire la règle formulée en 1818. « Les dispositions relatives au fonds de réserve, dit l'exposé des motifs de la loi de 1867, sont empruntées aux statuts des sociétés anonymes autorisées, et doivent être considérées bien moins comme imposées par l'autorité du législateur que comme l'expression de la volonté probable des parties intéressées. » On doit donc considérer comme bénéfices nets, pour la formation de fonds de réserve, ceux qui restent après le payement aux actionnaires des intérêts de leur mise.

Une dernière question s'élève quant au droit aux dividendes qui appartient à l'actionnaire. Il peut arriver que l'associé, au lieu de percevoir annuellement ses dividendes, les laisse accumuler dans la caisse sociale, en se contentant de les faire inscrire à son crédit ; pourra-t-il, en cas de liquidation, les retirer avant le payement effectif des dettes sociales ? pourra-t-il, en cas de faillite, se faire reconnaître créancier jusqu'à due concurrence, et réclamer son admission au passif en concours avec les créanciers sociaux ?

L'affirmative peut être soutenue par les raisons suivantes : l'associé avait le droit d'exiger le payement de ses
dividendes ; s'il les a laissés dans la caisse sociale, il est
dans la même position que si, les ayant touchés, il les avait
prêtés à la société ; il est devenu un créancier, et non
plus un associé. (*Sic* Rouen, 30 mars 1841.)

Mais la position particulière de l'actionnaire doit cependant dicter une solution différente. Dans la rigueur
absolue des principes, l'actionnaire qui a touché des dividendes, même justifiés, devrait le rapport de ces dividendes, si la société se trouvait plus tard en perte ; s'il
n'est pas tenu à ce rapport, c'est parce qu'il a perçu des
dividendes à titre de fruits ; mais pour que ces dividendes
lui soient acquis définitivement à ce titre, la condition essentielle, c'est qu'il les ait perçus ; l'actionnaire qui serait
autorisé à retenir les dividendes touchés n'a pas, par cela
même, le droit de les exiger s'il n'a pas voulu les recevoir :
au contraire alors, les intérêts et bénéfices doivent être
affectés au payement des créanciers comme le capital
lui-même : *idem juris est in eo quod accrevit, quod et in
sorte est.* L'actionnaire ne peut pas être assimilé à un
créancier ordinaire, lorsque les sommes qui lui sont dues
proviennent uniquement de sa mise. (*Sic* Angers, 18 fé-
vrier 1843.)

22. — Après la dissolution de la société, le droit de
l'actionnaire se traduit par le droit de prendre, dans la
liquidation de la société, une part de l'actif corres-
pondant au montant de son action. Mais son droit ne
peut s'exercer qu'après le payement des créanciers de la
société : *bona non censentur nisi deducto œre alieno.*

La liquidation s'opère ordinairement par l'intermédiaire de liquidateurs, associés ou non nommés conformément aux statuts; mais les effets généraux en sont réglés conformément aux règles du droit civil en matière de partage et licitation (art. 1870 C. N.).

23. — Les droits principaux que nous venons d'étudier forment en quelque sorte l'essence de l'action. Mais l'actionnaire a aussi d'autres droits qui sont nécessaires à la garantie des précédents, et qui leur servent de complément et de sanction. Il a le droit de prendre part aux diverses assemblées générales qui président à la constitution et à la gestion de la société; celui de prendre connaissance des rapports, bilans et inventaires; celui de demander, dans des circonstances données, la nullité ou la dissolution de la société: ce sont là des droits en quelque sorte conservatoires. De plus, l'associé peut exercer, selon les cas, diverses actions en responsabilité soit contre le gérant ou les administrateurs, soit contre les membres du conseil de surveillance ou les commissaires, si ceux-ci n'ont pas rempli la mission qui leur était confiée par le contrat.

Ce sont ces divers droits que nous devons examiner successivement.

24. — *Droit de délibérer dans les assemblées générales.* — Le droit d'assister et de délibérer aux assemblées de la société ne pouvait être refusé aux actionnaires. La prohibition faite aux commanditaires de s'immiscer dans la gestion des affaires sociales ne pouvait aller jusqu'à les priver de surveiller l'emploi de leurs capitaux, de s'intéresser à l'avenir de la société, de donner des conseils,

d'émettre des vœux, d'observer enfin les actes du gérant, à condition toutefois que cette surveillance ne fût pas de nature à gêner la liberté d'action qui lui est nécessaire.

Aussi le Code de commerce et les diverses lois qui ont régi les sociétés ont reconnu ce droit aux actionnaires.

Il y a deux sortes d'assemblées générales : celles qui doivent être réunies préalablement à la constitution définitive de la société pour l'appréciation des apports en nature et l'approbation des avantages particuliers (assemblées dites constituantes), et celles qui fonctionnent après la constitution de la société (assemblées ordinaires).

Nous devons nous occuper d'abord des assemblées constituantes :

L'art. 4 de la loi de 1856 était ainsi conçu : « Lorsqu'un associé fait dans une société en commandite par actions un apport qui ne consiste pas en numéraire, ou stipule à son profit des avantages particuliers, l'assemblée générale en fait vérifier et apprécier la valeur. — La société n'est définitivement constituée qu'après approbation dans une réunion ultérieure de l'assemblée générale. »

Dans la loi de 1867, qui reproduit du reste ce texte, le dernier paragraphe est remplacé par cette nouvelle rédaction : « La société n'est définitivement constituée qu'après l'approbation de l'apport ou des avantages, donnée par une autre assemblée générale, après une nouvelle convocation. » L'art. 24 de la même loi déclare cet art. 4 applicable aux sociétés anonymes.

Le but de ces dispositions est facile à expliquer. On reconnaît le danger qu'il y a à laisser un souscripteur donner à un apport qui ne consiste pas en numéraire l'évaluation qu'il lui plaît. Il n'est pas un moyen de fraude plus facile et dont les conséquences soient en même temps plus désastreuses. On sait que les nouveaux procédés industriels, les inventions, presque toujours accueillis avec enthousiasme, peuvent donner lieu aux plus chimériques illusions. On est porté à s'exagérer la valeur des découvertes dont le succès est souvent incertain. C'est ainsi qu'une imprudente confiance dans la réussite d'une entreprise attire un grand nombre de souscripteurs. Dans cette situation de prospérité apparente de la société à ses débuts, l'associé qui a fait un semblable apport se fera remettre, en échange de cet apport, un certain nombre d'actions, qu'il s'empressera de céder pour en retirer le prix en numéraire; et cette spéculation peut durer jusqu'à ce que la ruine de la société apparaisse et enlève toute valeur aux actions.

Tel est le danger qu'il fallait prévenir. Mais il n'était pas facile de trouver des mesures efficaces et praticables. Il ne faut pas cependant se placer dans l'hypothèse où le fondateur aurait eu recours à des manœuvres frauduleuses pour amener les actionnaires à souscrire, (car alors le droit commun autorise une action en rescision et en dommages-intérêts), mais dans l'hypothèse où l'apport aura été évalué de bonne foi de part et d'autre.

Admettre les actionnaires à contester après coup l'évaluation consignée dans l'acte de société, c'eût été méconnaître les droits des fondateurs de la société, de ceux qui ont fait l'apport en nature, car la convention est la loi des parties.

Cependant, en 1856, le conseil d'État avait proposé que dans le cas où un associé aurait fait un apport dont la valeur réelle eût été inférieure de plus de moitié à celle pour laquelle il était mis dans la société, tout intéressé pourrait demander contre l'auteur de l'apport la réparation du dommage à lui causé par l'exagération de cet apport. C'était une action en restitution pour cause de lésion. — Mais comment aurait-il été possible de fixer la valeur réelle d'un apport qui consiste dans une invention ou dans une découverte dont l'expérience peut seule démontrer la valeur ? Comment, par conséquent, déterminer la lésion ? On n'aurait pu l'apprécier que d'après le succès même de l'entreprise ; et alors n'y aurait-il pas eu un principe d'équité méconnu à l'égard de celui qui aurait fait l'apport d'une invention ou d'un procédé industriel ? En cas de réussite complète, les autres actionnaires auraient fait des bénéfices considérables, auxquels il n'aurait été associé que d'après la valeur primitivement donnée à son apport. Après un insuccès, pouvant résulter de chances défavorables et étrangères à la valeur de l'invention, il aurait vu ses droits réduits à néant : les chances n'auraient donc pas été communes entre les associés.

—On avait aussi demandé l'intervention préalable du gouvernement pour l'évaluation d'un apport qui ne consiste pas en numéraire. Cette intervention paraissait offrir une protection plus efficace que les autres. La connaissance de l'état général de l'industrie, les moyens d'expertise que le gouvernement peut avoir à sa disposition seraient des garanties plus sûres que les expertises auxquelles les actionnaires voudraient se livrer eux-mêmes pour apprécier la valeur de l'apport. — D'un autre côté, ne valait-il pas mieux, disait-on, dans l'intérêt de celui qui fait l'apport et qui désire garder le secret de sa découverte, soumettre cet apport à l'appréciation d'experts choisis par le gouvernement, que de le faire apprécier par l'ensemble des actionnaires, qui, après la divulgation de l'idée, ne demanderaient peut-être qu'à tirer parti de cette divulgation, sans entrer dans la société?

Cependant, il ne faut pas exagérer la portée de ces considérations. D'abord, quant au danger résultant de la divulgation de l'invention, il est conjuré si cette invention a été brevetée : car nul autre que l'inventeur ne peut l'exploiter sans être poursuivi pour contrefaçon : si elle n'a pas été brevetée, elle est, quoi qu'on fasse, exposée à la divulgation ; les actionnaires voudraient individuellement se rendre compte de la valeur de l'apport; et il faudrait nécessairement, en dehors de toute assemblée générale, la leur communiquer. D'un autre côté, les agents auxquels le gouvernement confierait l'appréciation des apports craindraient toujours d'engager leur responsabilité morale ; le gouvernement serait censé garantir dans une certaine mesure les entreprises dont il approuverait les éléments, et, pour échapper aux récriminations, il en viendrait évidemment à refuser systématiquement son approbation, ou à ne l'accorder que par une faveur exceptionnelle et abusive.

L'exploitation des inventions ou des procédés industriels serait ainsi paralysée ou réduite à l'état de privilége. Un tel état de choses est incompatible avec l'organisation actuelle de l'industrie. C'est à chacun à voir ce qu'il fait : c'est pourquoi on est arrivé, en 1867 comme en 1856, à faire apprécier par les actionnaires eux-mêmes les apports qui ne consistent pas en numéraire. Seulement, on a entouré leur appréciation de garanties pour qu'elle fût libre et éclairée autant que possible.

L'appréciation des apports qui ne consistent pas en numéraire et l'approbation des avantages particuliers stipulés au profit des fondateurs doivent donc avoir lieu en assemblée générale des actionnaires.

Tel est le parti auquel s'est arrêté le législateur (Loi de 1867, art. 4 et 24).

La loi, en exigeant l'approbation de l'assemblée générale, a voulu du moins que cette approbation ne fût donnée qu'en connaissance de cause, après des discussions et des réflexions auxquelles chaque actionnaire ne se livrerait pas, si on se contentait de consentements isolés.

De cette manière, il est permis de considérer le consentement des actionnaires comme une garantie suffisante de leurs intérêts ; et l'on pourrait, à juste titre, répondre aux actionnaires, s'ils élevaient des réclamations, qu'ils ont eu tort de n'avoir pas fait vérifier et estimer, lorsque la loi leur en imposait le devoir.

La loi, pour plus de garantie, ne se contente pas d'une seule assemblée générale des actionnaires. Deux délibérations doivent toujours avoir lieu. La nouvelle rédaction de l'art. 4 a dû lever les doutes qui existaient pour quelques esprits, car elle exprime plus nettement que l'ancienne la nécessité de ces deux réunions. L'on ne saurait contester la nécessité de ces deux délibérations, même dans certains cas où un seul examen paraîtrait suffisant pour éclairer les actionnaires.

Il suffit, pour se convaincre de la nécessité de ces deux réunions successives, de considérer ce qui se passe dans la société en commandite par actions. Le fondateur rédige l'acte de société ; ensuite, au moyen de prospectus ou d'annonces dans les journaux , il invite le public à sous-crire , en promettant ordinairement les avantages les plus séduisants. C'est dans ces conditions que les actionnaires s'empressent de souscrire, les uns après les autres, sans se communiquer leurs impressions, sans s'éclairer mu-tuellement sur la prétendue valeur des avantages promis. De là la nécessité d'une première assemblée. Mais à cette première réunion , ils ne peuvent prendre aucune déci-sion qui les engage à émettre aucun vote définitif. « Une première assemblée, a dit le rapporteur , serait trop disposée, là même où les éléments en seraient sincères, à tout accepter en aveugle. L'intervention d'une sorte d'expertise, la nécessité d'une convocation spéciale et de l'approbation d'une assemblée nouvelle, tout cela laisse aux esprits le temps de se calmer , à la vérité le temps de se faire jour et d'éviter de regrettables erreurs. »

Dans la première assemblée, les actionnaires peuvent choisir parmi eux une commission de contrôle, chargée de présenter un rapport à la deuxième assemblée. Mais la nomination d'une commission de contrôle n'est point obligatoire. Un amendement présenté en ce sens a été rejeté par le Corps législatif.

On se bornera, dans cette première réunion, à des me-sures préparatoires; on cherchera à connaître la vérita-ble valeur des apports en nature ; mais on ne pourra rien décider.

Cette première assemblée devra donc être suivie d'une seconde, dans laquelle l'évaluation des apports devra être approuvée ou rejetée.

L'associé qui a fait l'apport n'a pas voix délibérative au

vote, et cela alors même qu'il aurait souscrit un certain nombre d'actions en numéraire : car il ne se trouverait, en aucun cas, dans les conditions d'impartialité nécessaires pour statuer sur ses propres apports.

L'art. 4 veut que, cinq jours avant la réunion de la deuxième assemblée, on imprime et on tienne à la disposition de tous les actionnaires un rapport fait sur la valeur des apports ou la cause des avantages stipulés.

La même disposition exige une double majorité en nombre et en sommes. Les délibérations sont prises à la majorité des actionnaires présents, comprenant le quart de tous les actionnaires faisant partie de la société et représentant le quart du capital social en numéraire.

La loi a voulu empêcher, par là, qu'une majorité de petits actionnaires ne pût obliger tous les autres.

Du reste tout actionnaire, n'eût-il qu'une action, a le droit de prendre part au vote. C'est le suffrage universel introduit dans les sociétés par actions.

On a signalé, à ce sujet, un abus qui peut se produire. Il serait facile à celui qui a souscrit un grand nombre d'actions de se créer une majorité en cédant à diverses personnes chacune de ses actions. M. Duvergier décide que les actions ne sont pas cessibles avant la constitution définitive de la société ; ou tout au moins on doit reconnaître, suivant lui, que le droit de l'associé ne peut être cédé que sans fractionnement, de manière à ne donner au cessionnaire qu'une seule voix.

Cette opinion n'est pas admissible, car les actions peuvent toujours être transmises par la voie civile, lors même qu'elles ne sont pas encore négociables, et il est impossible de refuser à un actionnaire, quelle que soit l'origine de ses actions, le droit de prendre part au vote.

Mais dans le cas où un actionnaire aurait souscrit plusieurs actions, les statuts pourraient-ils lui accorder personnellement plusieurs voix ? Il en est ainsi dans les sociétés anonymes où les statuts peuvent accorder plusieurs voix à la même personne, sans toutefois que, dans les premières assemblées destinées à la vérification des apports, des déclarations des fondateurs, et à la nomination des administrateurs, un même souscripteur puisse réunir plus de dix voix (Loi de 1867, art. 27). Cette clause devrait-elle être également admise dans les sociétés en commandite ? Ce système du vote proportionnel à l'intérêt est assurément équitable, et pourrait être mis en pratique dans les assemblées ordinaires des sociétés en commandite. Mais on ne saurait l'étendre aux assemblées constituantes, qui exigent une plus grande égalité entre les contractants : l'art. 4 de la loi nouvelle, parlant d'une double majorité en nombre et en somme, suppose nécessairement que, pour constituer la première, chaque actionnaire n'a qu'une voix.

Malgré ces termes de la loi : *les actionnaires présents*, ceux-ci pourraient se faire représenter par des *mandataires*. L'observation en a été faite au Corps législatif. Le mot *présents* n'a été inséré dans la loi que parce que, dans la même disposition, il était parlé du quart des actionnaires présents ou non présents.

Si un même mandataire avait la procuration de plusieurs actionnaires, il aurait le droit de déposer un vote pour le compte de chacun d'eux.

La majorité oblige la minorité dans les assemblées. Nous pouvons nous demander jusqu'à quel point elle

l'oblige dans l'appréciation des apports et dans l'approbation des avantages particuliers.

L'assemblée générale peut accepter ou rejeter l'apport,
et alors sa décision est obligatoire pour tous. Mais peut-
elle choisir entre ces deux partis extrêmes et proposer
une réduction dans l'évaluation de l'apport ? Cette réduction proposée par la majorité, et acceptée par l'associé
qui a fait l'apport, serait-elle obligatoire pour la minorité ?

La minorité peut invoquer le texte de la loi et dire :
« A défaut d'approbation, la société reste sans effet à
l'égard de toutes les parties. La mission de l'assemblée
générale ne peut aller jusqu'à introduire des modifications aux clauses de l'acte social. Dès que les conditions,
telles qu'elles sont proposées dans le principe, sont reje-
tées, le contrat disparaît, les actionnaires sont déliés. »
Et rien n'est plus juste, car du moment où il est établi
que les fondateurs ont exagéré la valeur de leurs apports
et cherché à tromper ainsi leurs coassociés, il y a des
raisons suffisantes pour que ceux-ci ne veuillent pas
rester engagés vis-à-vis d'eux. Ainsi, dans le cas où les
apports proposés ne sont pas admis intégralement, les
bases de la société sont changées, et si les parties par-
venaient ensuite à s'entendre de nouveau, ce serait une
nouvelle société qui serait formée.

En règle générale, et en dehors des cas spécialement
prévus, la majorité ne peut obliger la minorité que pour
les actes d'administration, mais elle ne peut changer les
conditions constitutives de la société.

Pour que la majorité pût obliger la minorité, il faudrait
que ce pouvoir fût stipulé dans les statuts.

En cas de refus d'approbation, la société ne peut donc se constituer que du consentement *unanime* de tous les actionnaires.

Si, malgré les précautions protectrices prises par le législateur, les actionnaires avaient été trompés sur la valeur des apports ou la cause des avantages particuliers, ils pourraient revenir sur leur approbation. Le 7e alinéa de l'art. 4 réserve l'exercice ultérieur de l'action qui pourrait être intentée pour cause de vol ou de fraude. Cette réserve résultait des principes généreux du droit, Toutefois on comprend qu'après la réunion de deux assemblées générales où les actionnaires auront eu la faculté et même le devoir de vérifier, une articulation de dol ne pourrait être facilement admise. Il faudrait, pour cela, qu'il y eût des manœuvres caractérisées de la part du gérant (art. 1116 C. N.).

La disposition finale de l'art. 4 décide que les précautions imposées par cet article relativement à la vérification de l'apport qui ne consiste pas en numéraire, ne s'appliquent pas au cas où la société, à laquelle est fait cet apport, est formée contre ceux seulement qui en étaient propriétaires par indivis. Les associés qui ont tous le même droit dans la chose n'ont pas besoin d'une réunion pour se rendre compte de la valeur de cette chose : car on ne peut pas craindre que l'un d'eux cherche à tromper les autres à ce sujet; l'estimation sera profitable ou préjudiciable à tous également.

La loi prescrit dans les sociétés anonymes les mêmes mesures que dans les sociétés en commandite par actions (L. de 1867, art. 24).

Elle exige aussi la convocation de deux assemblées générales pour apprécier ou approuver ces apports ou avantages.

Les assemblées qui ont à délibérer sur la vérification des apports doivent être composées d'un nombre d'actionnaires représentant la moitié au moins du capital social, dont on retranche les apports soumis à vérification.

25. — Avant la constitution définitive de la société, il reste encore d'autres mesures préparatoires à remplir, c'est-à-dire la nomination d'un conseil de surveillance dans la société en commandite, et la nomination de commissaires dans la société anonyme.

Avant la loi de 1856, la nomination d'un conseil de surveillance n'était pas obligatoire. Cette loi prescrivait, dans les sociétés en commandite par actions, comme une garantie nécessaire à l'égard des actionnaires et des créanciers, la nomination par l'assemblée générale d'un conseil de surveillance, pris parmi les actionnaires, et composé de cinq membres au moins. D'après la loi de 1867, la nomination doit être faite dans les mêmes conditions; mais le nombre *minimum* des membres du conseil de surveillance est réduit à trois (art. 5).

Dans le cas où le nombre des actionnaires est inférieur à trois, on doit reconnaître qu'il n'y a pas là un obstacle à la constitution de la société, car la loi a dû statuer sur le *plerumque fit*. Ainsi, quand il n'y a qu'un seul actionnaire, on doit admettre que le conseil de surveillance serait sans utilité, et que l'actionnaire unique peut exercer lui-même la surveillance.

Il est prononcé contre le gérant une peine sévère quand il commence les opérations sociales avant l'entrée

en fonctions du conseil de surveillance (Loi de 1856, art. 11. — Loi de 1867, art. 13), et la loi déclare nulle toute société en commandite par actions dans lesquelles on n'aurait pas procédé à la nomination de ce conseil (art. 5 et 7. L. de 1867).

Si le conseil de surveillance était réduit au-dessous de trois membres, parce qu'un membre viendrait à mourir ou à cesser ses fonctions pendant le cours de la société, on devrait convoquer l'assemblée générale afin de pourvoir à ce remplacement.

Mais on ne saurait exiger, dans l'intervalle nécessaire au remplacement, la nullité des opérations faites par le gérant, et à plus forte raison la nullité de la société elle-même.

Il y a un temps moral nécessaire au remplacement ; et dans cet intervalle, faudra-t-il suspendre le cours des opérations sociales ? Non ; la loi est muette sur ce point. Par conséquent aucune responsabilité ne peut être imputée au gérant, à condition que tout se passe de bonne foi. On ne peut pas non plus s'en prendre aux fondateurs de la société. Ni la nullité de la société, ni la responsabilité des fondateurs ne sont prononcées par la loi ; et en dehors des cas prévus, on ne saurait appliquer des sanctions aussi rigoureuses. La loi a seulement édicté une peine contre le gérant qui commence les opérations sociales avant l'entrée en fonctions du conseil de surveillance. Mais entre ce cas et celui qui nous occupe il y a une différence qui justifie assurément la différence de solution. Commencer les opérations sociales avant l'entrée en fonctions du conseil de surveillance, c'est commettre une imprudence qui peut causer un préjudice à la société,

c'est agir en l'absence de tout contrôle. Mais une fois que
le conseil est entré en fonctions, et que la société a commencé ses opérations, ce serait compromettre gravement
les intérêts des associés que d'arrêter le cours des affaires, des négociations commerciales, qui, pour réussir ,
doivent se succéder sans interruption.

D'ailleurs, dans cette hypothèse, le conseil de surveillance, quoique irrégulièrement constitué, n'en existe pas
moins, et dès qu'il sera complété, le contrôle s'exercera
sur tous les actes accomplis dans l'intervalle.

Il est bien entendu que le gérant devra s'empresser de
convoquer l'assemblée générale pour nommer le conseil
de surveillance. Si des retards étaient apportés à dessein
dans la recomposition du conseil, dans ce cas seulement
la nullité des opérations pourrait être prononcée , et
le gérant en serait déclaré responsable.

Dans la société anonyme, il y a lieu de nommer à la
fois des administrateurs et des commissaires de surveillance.

D'après l'art. 25 de la loi de 1867, « la société anonyme
n'est constituée que lorsque les commissaires de contrôle
et les premiers administrateurs ont été nommés et ont
accepté leurs fonctions. »

« Les administrateurs ne peuvent être nommés pour
plus de six ans. »

Nous devons remarquer ici que, par une innovation de
cet article 25, il est permis de désigner les administrateurs
par les statuts avec stipulation formelle que leur nomination ne sera point soumise à l'approbation de l'assemblée générale. Dans ce cas les administrateurs ne peuvent
être nommés que pour trois ans.

Quant aux commissaires de surveillance, aucun nombre n'est fixé ; mais ils doivent toujours être nommés et remplacés par l'assemblée générale, ou, à son défaut, par ordonnance du président du tribunal de commerce (art. 25 et 32).

Dans la société en commandite, il peut y avoir d'autres assemblées générales, après celles dont nous venons de parler ; mais la loi ne les rend pas obligatoires ; elles ont donc lieu dans les conditions prévues par les statuts, ou sur la convocation spéciale du conseil de surveillance (art. 11). Au contraire, dans la société anonyme, des assemblées générales sont prescrites par le législateur (art. 32). Ce sont celles dans lesquelles il est rendu compte aux actionnaires de ce qui s'est passé dans l'exercice écoulé. C'est dans ces assemblées qu'il est fait par les commissaires un rapport sur la situation de la société, sur le bilan et sur les comptes des administrateurs.

26. — L'assemblée générale doit-elle être ouverte indistinctement à tout porteur d'actions ? Il faut distinguer, à cet égard, entre les deux espèces d'assemblées.

Dans les premières, qui ont lieu pour la constitution de la société, tout actionnaire est admis, quel que soit le nombre des actions dont il est porteur.

Dans les autres, « les statuts déterminent le nombre d'actions qu'il est nécessaire de posséder, soit à titre de propriétaire, soit à titre de mandataire, pour être admis dans l'assemblée, le nombre de voix appartenant à chaque actionnaire eu égard au nombre d'actions dont il est porteur » (art. 27.)

Il résulte aussi des dispositions de la loi que les voix ne se comptent pas par tête. Pour les compter, on examinera quel est le nombre de voix que les statuts accordent à chaque actionnaire selon le nombre d'actions dont il est porteur. Ainsi les statuts peuvent accorder, par exemple, une voix à celui qui possédera cinq actions et par suite deux voix à celui qui en possédera dix. Mais à ce point de vue encore, il y a une différence entre les deux espèces d'assemblées : dans les assemblées constituantes, un même actionnaire, quel que soit le nombre de ses actions, ne peut avoir plus de dix voix ; on n'a pas voulu que le vote des petits actionnaires pût être totalement annihilé dans des assemblées si importantes pour eux. Au contraire, dans les assemblées annuelles, on peut donner à chacun un nombre de voix proportionnel à celui de ses actions.

27. — Il faut aussi se préoccuper du nombre d'actionnaires qui doivent être présents aux diverses assemblées générales pour délibérer valablement. Dans les sociétés en commandite, la loi n'indique pas le nombre d'actionnaires qui doivent être présents, ni la portion du capital social qui doit être représentée ; elle exige seulement dans les assemblées de vérification, que la majorité représente un quart en nombre et un quart en numéraire. S'il était impossible d'obtenir cette double majorité, on devrait avoir recours à de nouvelles convocations, jusqu'à ce qu'on eût réuni une assemblée capable de donner cette majorité ; si on ne pouvait pas la réunir, la société ne pourrait se constituer ; mais cette abstention prolongée n'est pas vraisemblable.

Dans les sociétés anonymes, il y a lieu de distinguer entre les diverses espèces d'assemblées :

S'agit-il des assemblées qu'on appelle *constituantes*, et où se fait la vérification des apports : elle doivent réunir, nous l'avons dit, un nombre d'actionnaires représentant au moins la moitié du capital social, en y comprenant seulement les apports non sujets à vérification.

Art. 30, alinéa 3 : « Si l'assemblée générale ne réunit pas un nombre d'actionnaires représentant la moitié du capital social, elle ne peut prendre qu'une délibération provisoire. Dans ce cas, une nouvelle assemblée générale est convoquée. Deux avis, publiés à huit jours d'intervalle, au moins un mois à l'avance, dans l'un des journaux désignés pour recevoir les annonces légales, font connaître aux actionnaires les résolutions provisoires adoptées par la première assemblée, et ces réunions deviennent définitives si elles sont approuvées par la nouvelle assemblée, composée d'un nombre d'actionnaires représentant le cinquième au moins du capital social. »

S'il s'agit d'une assemblée *extraordinaire*, ayant à délibérer sur des modifications aux statuts ou sur des propositions de continuation de la société au delà du terme fixé pour sa durée, ou de dissolution avant ce terme, elle n'est régulièrement constituée et ne délibère valablement qu'autant qu'elle est composée d'un nombre d'actionnaires représentant la moitié au moins du capital social (art. 31). Le nombre exigé est le même que pour les assemblées constituantes ; seulement, tandis que pour les assemblées constituantes, on se contentera, à une seconde réunion, d'une quantité inférieure à la moitié (un cinquième), les assemblées extraordinaires ne peuvent avoir lieu sans que la moitié du capital ne soit représenté : si on ne peut pas y arriver, la délibération sera impossible; et le *statu quo* devra être maintenu. La différence est facile à comprendre : dans les assemblées constituantes, il s'agit de faire marcher la société ; on doit donc offrir des facilités; dans les assemblées extraordinaires, il s'agit de changer les conditions du contrat primitif : il faut plutôt alors multiplier les garanties.

Enfin, dans les assemblées *générales annuelles* dont l'objet principal est de présenter un rapport aux actionnaires, et qui ont par conséquent une moins grande importance, il suffit que les actionnaires prenant part à la délibération représentent le quart du capital social : « Si l'assemblée générale ne réunit pas ce nombre, une nouvelle assemblée est convoquée dans les formes et avec les délais prescrits par les statuts ; et elle délibère valablement, quelle que soit la portion du capital représentée par les actionnaires présent » (art. 29).

28. — Expliquons-nous maintenant sur les pouvoirs des diverses assemblées générales. Dans ces diverses assemblées, il est de règle que la majorité oblige la minorité; mais il faut que les délibérations de ces assemblées portent sur des objets prévus par les statuts, ou tout au moins qu'elles n'aient rien de contraire aux statuts.

Mais la loi, en matière de sociétés anonymes, a donné de pleins pouvoirs aux assemblées générales, dans trois cas ; ceux de continuation de la société au delà du terme fixé pour sa durée, de sa dissolution avant ce terme, ou de modifications aux statuts (art. 32 L. de 1867).

En dehors de ces cas, la majorité ne saurait obliger la minorité, lorsqu'il s'agit de faire un acte contraire aux statuts ; et bien que la loi, par ses termes généraux, sem-

ble autoriser la modification de ces statuts eux-mêmes
.d'une façon absolue, il faut en restreindre la portée aux
modifications qui ne portent pas atteinte aux conditions
fondamentales de la société.

Il ne peut être valablement dérogé à ces conditions
qu'avec l'assentiment de tous les associés. Chaque associé
peut dire en effet que les conditions portées aux statuts ont
déterminé son consentement, et qu'il a par conséquent
un droit acquis au maintien des conventions sous la foi
desquels il a contracté.

Nous avons vu une application de ce principe au
sujet de l'appréciation des apports. La majorité ne
peut prétendre obliger la minorité en acceptant la
réduction des avantages qui seraient proposés par les
fondateurs.

Ainsi encore, la majorité ne pourrait, à elle seule,
changer l'objet de la société. Elle ne pourrait non plus
faire un appel de fonds nouveaux. Ce serait méconnaître
le caractère et le but de la société par actions que d'obliger les actionnaires, qui déterminaient le montant de leur
mise d'après leurs ressources, à courir des risques plus
étendus que ceux auxquels ils se sont soumis à leur entrée dans la société.

Il en serait autrement si cette augmentation du capital
avait été prévue dans le contrat. L'appel de fonds ne serait
plus alors que la réalisation d'une éventualité que chaque
actionnaire aurait acceptée dès l'origine. La majorité
ferait loi dans cette circonstance.

On s'accorde même à reconnaître que la majorité aurait encore le droit de délibérer obligatoirement dans

d'autres hypothèses que celles qui sont formellement prévues par l'acte social. Ainsi, on admet sans difficulté que pour toutes les mesures d'administration, la majorité oblige la minorité. Il suffit alors que l'acte non autorisé par les statuts n'y soit pas prohibé. Dans le cas, par exemple, où les statuts ne prohiberaient ni l'hypothèque ni la vente, il est certain que la société pourrait aliéner, par ces modes, les biens dont elle est propriétaire ; un tel acte n'excéderait pas en principe les pouvoirs de l'assemblée générale, et la majorité devrait lier la minorité. Il faudrait, au contraire, l'unanimité des voix, si l'hypothèque et la vente étaient prohibées par les statuts.

Dans le cas où des opérations auraient été faites avant la nomination du conseil de surveillance, l'asemblée générale pourrait-elle couvrir la nullité de la société résultant de ce fait, par application de l'art. 7 ?

M. Bédarride et quelques autres sont d'avis que la société pourrait être continuée dans cette hypothèse, avec le consentement de la majorité des actionnaires. La délibération qui serait prise ne serait autre chose qu'un traité entre le gérant et les actionnaires, par lequel ces derniers prendraient à leurs risques et périls les opérations, soit déjà liquidées, soit en cours d'exécution.

Les auteurs qui soutiennent cette opinion admettent toutefois que la majorité ne saurait rendre une telle délibération obligatoire pour tous les associés. La minorité ne pourrait être contrainte de l'exécuter, ni privée du droit de poursuivre la nullité. Mais le droit à la nullité se bornerait, pour les actionnaires dissidents, à obtenir le remboursement de ce qu'ils ont versé ; et la société continuerait valablement entre les autres.

Cette opinion doit être rejetée. Il s'agit, en effet, de prononcer une nullité qui est d'ordre public, et ce serait contrevenir aux dispositions formelles de la loi que de permettre dans ce cas la continuation de la société : elle restera donc nulle vis-à-vis de tous.

29. — *Droit de prendre communication du rapport, du bilan, des inventaires.* — L'art. 11 de la loi de 1867 impose au conseil de surveillance l'obligation de faire, chaque année, à l'assemblée générale, un rapport sur les inventaires ; l'art. 32 donne la même mission aux commissaires des sociétés anonymes. Mais la loi ne s'est pas contentée de cette mesure, malgré l'importante garantie qu'offre aux actionnaires la responsabilité des membres du conseil de surveillance et des commissaires. Elle a voulu permettre, en outre, à chacun des actionnaires, de s'éclairer sur la situation de la société. Elle leur accorde, à cet effet, avant la réunion de l'assemblée générale, un délai de quinze jours pendant lequel chaque actionnaire peut se présenter au siége social et y demander la communication du bilan, de l'inventaire et même du rapport du conseil de surveillance.

Voici comment ce droit est réglé par la loi de 1867, dans l'art. 12 pour les sociétés en commandite, dans les art. 34 et 35 pour les sociétés anonymes.

« Art. 12. Quinze jours au moins avant la réunion de l'assemblée générale, tout actionnaire peut prendre par lui ou par un fondé de pouvoir, au siége social, communication du bilan, des inventaires et du rapport du conseil de surveillance.

« Art. 34. Toute société anonyme doit dresser chaque semestre un état sommaire de sa situation active et passive.

« Cet état est mis à la disposition des commissaires.

« Il est en outre établi chaque année, conformément à l'art. 9 du Code de Commerce, un inventaire contenant l'indication des valeurs mobilières et immobilières, et de toutes les dettes actives et passives de la société.

« L'inventaire, le bilan et le compte des profits et pertes sont mis à la disposition des commissaires le quarantième jour, au plus tard, avant l'assemblée générale, ils sont présentés à cette assemblée.

« Art. 35. Quinze jours au moins avant la réunion de l'assemblée générale, tout actionnaire peut prendre au siége social communication de l'inventaire et de la liste des actionnaires, et se faire délivrer copie du bilan résumant l'inventaire et du rapport des commissaires. »

La loi n'accorde pas aux actionnaires le droit de prendre communication du rapport du gérant ou du conseil d'administration. Des amendements présentés dans ce but au Corps législatif, lors de la discussion de la loi nouvelle, n'ont pas été admis; et dès lors il n'appartiendrait qu'aux statuts sociaux de rendre cette communication obligatoire.

Si l'assemblée générale passait outre à la délibération malgré la protestation des actionnaires auxquels le gérant aurait refusé la communication du rapport du conseil de surveillance, la nullité de la délibération pourrait être prononcée.

Le rapport du conseil de surveillance ou des commissaires doit : 1° signaler les irrégularités et inexactitudes reconnues dans les inventaires; 2° constater, s'il y a lieu, les motifs qui s'opposent aux distributions des dividendes proposés par les gérants. La répartition des dividendes suppose un excédant d'actif. Il est une fraude que la loi a voulu aussi prévenir. Le gérant peut, en dressant des inventaires mensongers, d'où il semble résulter que la société est prospère, proposer une distribution de dividendes et profiter de la hausse momentanée que doit produire cette distribution, pour céder, moyennant un prix avantageux, des actions sans valeur. Il était donc juste d'appeler sur ce point l'attention du conseil de surveillance d'abord, et ensuite celle de l'assemblée générale des actionnaires, afin d'empêcher toute distribution de dividendes fictifs.

La loi de 1856 rendait responsable tout membre du conseil de surveillance lorsque, sciemment, il laissait commettre dans les inventaires des inexactitudes graves, préjudiciables à la société et aux tiers.

Nous reviendrons sur cette question en traitant de la responsabilité du conseil de surveillance.

30. — *Droit de demander la nullité ou la dissolution de la société.* — Si la société est nulle, soit pour une des causes prévues par le droit commun, soit pour l'inaccomplissement de quelqu'une des formalités exigées par la loi spéciale, chaque associé a incontestablement le droit de demander la nullité de cette société. La nullité sera relative et n'aura lieu que par rapport à l'associé, s'il s'agit d'une cause à lui personnelle, telle que son inca-

pacité ou le dol pratiqué à son égard. Elle devra au contraire être absolue, si elle est fondée sur une des prescriptions établies par la loi spéciale, car ces prescriptions sont d'ordre public. On devra seulement alors liquider les résultats acquis de la société, comme ceux d'une simple communauté de fait; et les conventions sociales ne seront prises en considération que comme un élément d'appréciation. Du reste la nullité prononcée n'est pas opposable aux tiers (art. 7).

Quant au droit de provoquer la *dissolution* de la société avant son terme, dont le principe se trouve dans l'article 181 C. N., il est l'objet de certaines dispositions de la loi de 1867. Relativement aux sociétés en commandite, l'art. 11 est ainsi conçu : « Le conseil de surveillance peut convoquer l'assemblée générale et, conformément à son avis, provoquer la dissolution de la société. »

Cet article a fait cesser une controverse qui s'élevait sous l'empire de la loi de 1856 (art. 9). Il s'agissait de savoir si le conseil de surveillance avait seulement la faculté de soumettre le cas à l'assemblée générale, ou s'il avait le droit de porter directement l'action en dissolution devant les tribunaux.

La première interprétation qui est consacrée par le nouveau texte était la seule vraiment juridique. En effet, les membres du conseil de surveillance ne sont que les mandataires de l'assemblée générale. Ils ont seulement une mission de contrôle et de vigilance qui leur donne le droit d'en référer à l'assemblée générale ; mais ils ne sauraient se poser en adversaires de la société pour agir sans l'assentiment des associés contre la société elle-même.

Le rôle du conseil de surveillance doit donc se borner à proposer à l'assemblée générale la dissolution de la société, et à demander aux tribunaux de prononcer cette dissolution, après avoir obtenu l'avis conforme de l'assemblée générale.

S'il y avait dissidence entre les membres du conseil de surveillance quant à l'opportunité de convoquer l'assemblée pour délibérer sur l'action en dissolution, la majorité devrait lier la minorité. La minorité n'aurait donc pas le droit de convoquer l'assemblée générale pour lui soumettre la question de dissolution.

Quel sera l'effet de la délibération de l'assemblée générale en ce qui concerne la dissolution de la société ? Dans les cas où elle est d'avis de dissoudre la société, elle ne peut qu'autoriser le conseil de surveillance à intenter en justice la dissolution de la société.

La délibération de l'assemblée générale ne pourrait donc jamais à elle seule opérer la dissolution de la société. Il n'en serait ainsi qu'autant que les statuts auraient conféré à la majorité de l'assemblée un pouvoir absolu sur ce point. Mais sa délibération n'a que la valeur d'un avis consultatif pour les tribunaux. (Art. 11 de la loi de 1867.)

On comprend, en effet, que le contrat ne puisse pas être rompu sans l'assentiment de toutes les parties. Or, il y a deux parties en présence, la masse des commanditaires et le gérant.

L'accord unanime de tous les associés est nécessaire pour déroger aux conditions de l'acte de société, à moins que la loi n'ait conféré ce pouvoir à la majorité.

Voici donc un premier point établi, à savoir que les tribunaux seuls ont à juger la question de dissolution, sur l'avis conforme de l'assemblée générale et sur la demande du conseil de surveillance.

Mais si l'assemblée générale se prononçait contre la proposition de dissolution de la société, sa délibération serait-elle obligatoire pour la minorité, ou bien serait-il permis à un associé d'agir seul pour demander à la justice la dissolution de la société?

Il semble que l'art. 11 interdise implicitement aux actionnaires d'agir isolément : cet article serait à peu près inutile si la marche qu'il indique pouvait être remplacée par une action individuelle exercée sans aucune formalité. Et la disposition ainsi entendue peut se justifier par des raisons sérieuses. Ne peut-on pas dire que par les conditions même où il a contracté, l'associé a renoncé tacitement à demander seul la dissolution? Des actions en dissolution mal à propos intentées par un actionnaire malveillant pourraient causer un grave préjudice à une société prospère. Chaque actionnaire, ayant d'ailleurs limité sa perte à sa mise, a pu, sans compromettre gravement ses intérêts, confier à la majorité seule le droit de demander la dissolution.

La solution contraire peut cependant s'appuyer d'arguments également solides : l'art. 1871 C. N. donne à tout associé le droit de demander en justice la dissolution de la société, « lors qu'il y en a de *justes motifs*, comme lorsqu'un autre associé manque à ses autres engagements, ou qu'une infirmité habituelle le rend inhabile aux affaires de la société ou autres cas semblables dont la légitimité et la gravité sont laissés à l'appréciation des juges. » La loi de 1867 n'a pas dérogé à cet article : elle l'a au contraire confirmé à propos des sociétés anonymes dans son

article 37. On peut dire d'ailleurs que l'initiative individuelle sera souvent très-utile pour appeler les regards de
la justice sur l'état d'une société qui se maintiendrait
grâce à l'aveuglement ou à la complaisance de la majorité :
l'ordre public lui-même y est intéressé. Si l'on objecte que
cette initiative individuelle peut avoir ses dangers, on répondra que la crainte de l'insuccès d'une poursuite sera
de nature à retenir les actionnaires dont les prétentions
ne seraient pas suffisamment justifiées.

Voyons les dispositions spéciales aux sociétés anonymes, en ce qui concerne la dissolution de la société.

L'art. 37, qui est la reproduction de l'art. 20 de la loi
de 1863, dispose ainsi : « En cas de perte des trois quarts
du capital social, les administrateurs sont tenus de provoquer la réunion de l'assemblée générale de tous les
actionnaires, à l'effet de statuer sur la question de dissolution de la société. La résolution de l'assemblée est,
dans tous les cas, rendue publique. A défaut, par les
administrateurs de réunir l'assemblée générale, comme
dans le cas où cette assemblée n'aurait pu se constituer
régulièrement, tout intéressé peut demander la dissolution devant les tribunaux. » — Ici, à la différence de ce
qui se passe pour les sociétés en commandite, l'assemblée
générale, délibérant à la majorité, prononce directement
la dissolution, sans qu'il soit besoin de recourir aux tribunaux. Mais les tribunaux pourraient être appelés à statuer sur la dissolution, aux termes de l'art. 1871 C. N.,
sur la demande de toute partie intéressée, c'est-à-dire
de tout associé, ou même de tout créancier de la société.
Ce droit d'agir isolément n'appartiendrait pas aux commissaires, s'ils n'étaient pas en même temps actionnaires;

leur rôle se bornerait à faire un rapport à l'assemblée
générale, soit lors de sa convocation annuelle, soit après
l'avoir convoquée d'urgence.

Dans l'art. 37, la loi nouvelle réserve explicitement
l'application de l'art. 1871 C. N. pour la société anonyme, tandis que l'art. 11 laisse un doute sérieux sur ce
point pour la société en commandite. De quelque façon
qu'on décide la question controversée relative à cet article 11, il faut reprocher au législateur ou d'avoir résolu
en sens contraires deux questions de même nature, ou,
s'il a entendu les résoudre de la même façon, de ne l'a-
voir pas expliqué clairement. Ce défaut d'harmonie dans
la loi de 1863 tient à ce qu'elle s'est bornée à remanier
séparément deux lois diverses, celle de 1856 et celle de
1863, sans coordonner toujours celles de leurs dispositions qui rentraient dans un même ordre d'idées.

31. — *Responsabilité du gérant et des administrateurs.*
—Le gérant, dans les sociétés en commandite, est, vis-à-
vis des actionnaires, à la fois un coassocié et un mandataire; il en est de même des administrateurs dans les
sociétés anonymes (art. 31 et 32 C. de Com., art. 26 loi
de 1867). Leur responsabilité est donc réglée par cette
double qualité. D'après l'art. 1850 C. N., chaque associé
est tenu envers la société des dommages qu'il lui a causés
par sa faute, sans pouvoir compenser avec ces dommages
les profits que son industrie lui aurait procurés dans
d'autres affaires. D'après l'art. 1992, le mandataire répond non-seulement du dol, mais encore des fautes qu'il
commet dans sa gestion; néanmoins la responsabilité
relative aux fautes est appliquée moins rigoureusement à

8

celui dont le mandat est gratuit qu'à celui qui reçoit un salaire. Ce tempérament, qui est du reste abandonné à l'appréciation des juges, paraît inapplicable aux gérants et administrateurs, puisqu'ils sont nécessairement intéressés dans la société, et ne rendent pas par conséquent un service purement gratuit. Mais il faut au moins, pour qu'il y ait responsabilité, que la faute soit bien caractérisée ; il ne suffirait pas évidemment que les affaires de la société eussent mal tourné; et réciproquement les gérants ou administrateurs ne devraient pas de réparation pour une faute qui n'aurait causé aucun préjudice. Une des fautes qui obligent le plus ordinairement les gérants ou administrateurs, c'est le fait d'avoir distribué ou laissé distribuer les dividendes fictifs (L. de 1867, art. 44). Alors en effet, en inspirant aux actionnaires une confiance trompeuse, ils ont pu empêcher ces derniers de provoquer la dissolution de la société, et de sauvegarder à temps leurs intérêts.

La responsabilité des fautes des gérants et administrateurs, s'ils sont plusieurs, est individuelle ou solidaire, selon les cas (même article 44). Il en est de même de la responsabilité encourue par les gérants avec les membres du conseil de surveillance, quand la société est annulée pour inobservation des formes légales (art. 8). Nous reviendrons sur ce dernier cas à propos des conseils de surveillance.

Dans les sociétés en commandite, il est quelquefois convenu qu'outre sa responsabilité ordinaire, le gérant remboursera dans tous les cas aux commanditaires le montant de leurs intérêts ou de leurs actions. Nous aurons à examiner si cette clause peut nuire aux créan_

ciers de la société. Mais entre les parties , elle est par-
faitement valable , et le gérant doit le remboursement
promis. S'il y a plusieurs gérants , cette obligation se
divisera entre eux et ne sera point solidaire , sauf stipulation contraire (art. 1202 C. N.). La solidarité édic-
tée par le Code de Commerce (art. 23) n'a lieu qu'à
l'égard des tiers et non entre les associés eux-mêmes.

32. — *Responsabilité du conseil de surveillance.* —
Le conseil de surveillance des sociétés en commandite
par actions peut être responsable à deux titres envers
les actionnaires comme envers les tiers : 1° à raison des
nullités qui existent dans la constitution de la société;
2° à raison de l'administration de la société.

1° Responsabilité à l'origine de la société. — Si la
société est annulée pour irrégularité dans sa constitution , « les membres du conseil de surveillance peuvent
être déclarés responsables avec le gérant et les fondateurs
du dommage résultant de l'annulation pour la société ou
pour les tiers. » (Art. 8.)

C'est la sanction de la disposition de l'art. 6, qui
charge le conseil de surveillance de vérifier si toutes les
dispositions contenues dans les articles précédents ont été
observées.

Le premier conseil de surveillance encourt seul cette
responsabilité. L'art. 8 fait cesser ainsi le doute qui pouvait résulter des termes généraux de la loi de 1856 , et
consacre d'ailleurs l'interprétation qui était admise sous
l'empire de cette loi. Il avait paru impossible en effet de
rendre responsables les membres d'un conseil de surveillance qui serait en exercice longtemps après la constitu-

tion de la société, à une époque éloignée de celle où aurait été commise l'infraction.

C'est donc aux auteurs du préjudice, à ceux qui ont été à même de le prévenir, que doit incomber l'obligation de le réparer.

Les membres du premier conseil doivent examiner avec soin si la valeur des fractions du capital social est conforme à la loi ; si le capital est souscrit intégralement; si la déclaration du gérant constate que chaque actionnaire a versé le quart du montant de ses actions ; si la forme des actions est conforme aux art. 2 et 3; si aucune des clauses des statuts ne s'écarte des règles tracées par les art. 3, 4 et 5.

L'action en responsabilité ne peut être formée qu'après la nullité de la société judiciairement prononcée (L. de 1867, art. 8); mais cette nullité peut toujours être proposée comme préalable de l'action en responsabilité.

On peut donc la poursuivre après que la dissolution de la société a été prononcée; on peut également, après que la société a été déclarée nulle pour une cause différente de celles dont le conseil de surveillance est responsable, faire reconnaître une de ces dernières causes de nullité, et en déduire la responsabilité légale. Sans doute, il n'y aura pas lieu d'annuler une seconde fois une société déjà annulée; mais il sera suffisant, pour justifier l'action en responsabilité, que la nullité qui en est la condition concoure avec le fait de l'annulation de la société : car la cause principale de la responsabilité, ce n'est pas la prononciation de la nullité pour les causes prévues, c'est le dommage qui peut résulter de l'inobservation des formalités légales. (Cass. D. 64, 1, 377.)

Cette dernière observation fait ressortir un vice de rédaction dans la loi, quand elle parle du dommage *résultant de l'annulation* : le préjudice à réparer n'est pas la suite de la nullité, il en est au contraire une des causes.

La responsabilité des membres du conseil de surveillance est facultative pour les tribunaux. Ceux-ci sont investis d'un pouvoir discrétionnaire pour proportionner la réparation à la gravité de la faute et à l'importance du préjudice.

Cette règle, établie par l'art. 7 de la loi de 1856, a été reproduite par l'art. 8 de la loi de 1867 : « Les membres du conseil de surveillance *peuvent* être déclarés responsables... » La responsabilité peut résulter soit de l'absence de faute, soit de l'absence de dommage. L'absence de faute ne doit pas être trop facilement admise par les tribunaux. Comme il s'agit de constater des faits matériels résultant de faits précis et certains, il est difficile d'admettre l'erreur et la bonne foi comme excuses. La négligence, de la part du conseil de surveillance, constitue la violation d'un devoir que les tribunaux ne peuvent manquer de réprimer, dès que la preuve en sera acquise, sans énerver la sanction que la loi a établie comme garantie des droits des actionnaires.

La responsabilité doit être appliquée lorsque la société est irrégulièrement constituée et que les vices de la constitution peuvent être aisément aperçus.

Les membres du conseil de surveillance sont également responsables de la nullité de la société, lorsque cette nullité provient du défaut de souscription de la totalité du capital social ou du défaut de versement du quart de chaque action.

Le conseil de surveillance ne serait point excusé en alléguant qu'il a été trompé par le fait de la fausse déclaration du gérant sur ce point. Il a pour mission de contrôler cette déclaration, et il doit le faire en vérifiant les livres, la caisse et le portefeuille. Il ne saurait échapper à la responsabilité qu'en prouvant qu'il a fait cette vérification dans la mesure du possible.

Il ne suffirait pas, pour affranchir le conseil de surveillance de toute responsabilité, de constater la vigilance et la loyauté qu'il a apportées dans les opérations postérieures à sa nomination. Il est nécessaire d'examiner, avant tout, ce qu'a été la surveillance appliquée aux conditions de la formation de la société. (D. 1863. 1, 213.)

L'absence de dommage est au contraire une raison décisive d'écarter la responsabilité du conseil de surveillance, non-seulement lorsque le dommage n'existe pas, mais lorsqu'il a une cause différente de la faute du conseil de surveillance. C'est ce qui a été décidé dans un cas où il était constaté que l'insuffisance des souscriptions et le non versement du quart n'étaient pour rien dans les causes de la ruine de la société, mais que la cause de la ruine était dans les dilapidations du gérant. (Cass. D. 64, 1, 367.)

•L'art. 8 ouvre l'action en responsabilité à la société et aux tiers, c'est-à-dire à tous ceux qui souffrent un dommage de l'annulation du contrat, à la société, aux créanciers sociaux. On doit l'accorder aussi aux actionnaires eux-mêmes, dont nous parlons plus spécialement, s'ils éprouvent un préjudice distinct de celui de la société.

Mais l'action en responsabilité devrait être refusée à ceux des souscripteurs primitifs qui seraient eux-mêmes en

faute. Ainsi les souscripteurs d'actions qui ont stipulé,
dans leur bulletin, qu'ils ne payeraient qu'en nature,
mais qui ont négligé de faire vérifier et approuver leur
apport par l'assemblée générale, ne peuvent exercer aucun
recours contre le conseil de surveillance (D. 62, 1, 427).

Cette solution impose une restriction équitable à la responsabilité des conseils de surveillance. Ils doivent sans
doute répondre des irrégularités qu'ils ont le devoir
d'empêcher vis-à-vis des tiers ou des actionnaires de bonne
foi, mais non vis-à-vis de ceux qui, les ayant volontairement commises, ne peuvent s'en prendre qu'à eux-mêmes
du préjudice qu'ils éprouvent.

Quel doit être le *quantum* de la responsabilité imposée
par l'art. 8 au conseil de surveillance? La loi de 1856 rendait en pareil cas les membres du conseil de surveillance
responsables de toutes les opérations faites postérieurement à leur nomination.

Voici le sens dans lequel on interprétait généralement
cette disposition : vis-à-vis des tiers, on décidait que les
membres du conseil étaient tenus personnellement de tous
les engagements contractés par le gérant au nom de la
société.

Vis-à-vis des commanditaires, la responsabilité n'existait que jusqu'à concurrence du tort causé par les actes
dommageables du gérant.

Dans cette opinion, on limitait la responsabilité au dommage provenant d'une mauvaise administration. Les
membres du conseil de surveillance ne sont, en effet,
disait-on, que des cautions du gérant; or le gérant lui-
même n'est pas responsable du capital; il ne répond que
de ses fautes. On ne peut le rendre responsable de la

perte de la diminution du capital qu'en prouvant qu'il a mal administré ou compromis par sa faute les intérêts sociaux.

Mais quelques auteurs repoussaient cette distinction et admettaient que le conseil de surveillance aussi bien que le gérant auraient à indemniser les actionnaires de toutes les pertes survenues par l'effet des opérations sociales. Il est certain, disaient-ils, qu'il y a eu dans le principe une faute dont le dommage éprouvé n'est que la conséquence : cette faute, c'est d'avoir fait des opérations, alors que la société n'était pas régulièrement constituée. Si cette faute n'avait pas été commise, si les opérations n'avaient pas eu lieu, la perte ne serait pas survenue. Le gérant est donc tenu de supporter la perte, et les membres du conseil de surveillance peuvent être tenus d'en indemniser les actionnaires.

En droit strict, il est certain que la réparation doit être de tout le dommage résultant pour la société ou pour les tiers de l'annulation du contrat. Tels sont les termes de l'art. 8. Toutefois, ce que les tribunaux ont à apprécier, c'est le préjudice qui résulte directement de l'annulation, ou plutôt de la cause d'annulation, soit pour la société, soit pour les tiers. — Il peut arriver que le dommage tout entier ne résulte pas de cette cause d'annulation, et de cette manière les tribunaux arriveront à atténuer les effets de la responsabilité des conseils de surveillance sans manquer aux prescriptions de la loi.

La loi nouvelle ne prononce d'ailleurs aucune solidarité entre les membres du conseil de surveillance, à raison des condamnations qui interviendraient contre eux.

La loi de 1856 a été améliorée et adoucie en ce point,

car la perspective d'une solidarité possible était de nature
à inquiéter les membres du conseil de surveillance, et
pouvait, par conséquent, nuire à la bonne composition de
ce conseil.

Mais si la solidarité n'est pas de droit, les tribunaux ont
le pouvoir de la prononcer en vertu des articles 1382 et
1992 C. N., lorsqu'il s'agit d'un quasi-délit, alors même
qu'il est commis à l'occasion ou à la suite d'un mandat.

33. — Avant d'examiner les dispositions des lois de
1856 et de 1867, nous devons remarquer que le fonde-
ment de la responsabilité des conseils de surveillance
résulte des principes généraux du droit. Les membres des
conseils de surveillance sont en effet des mandataires,
chargés de veiller à l'accomplissement de certaines conditions déterminées par la loi, dans l'intérêt de la société ;
et s'ils manquent à leur devoir, ils violent les règles du
mandat.

Aussi avant la promulgation de la loi de 1856, quoique
les conseils de surveillance ne fussent pas obligatoires
pour les sociétés en commandite par actions, était-il admis généralement que, dans les sociétés où il en avait
été établi, les membres de ces conseils devaient être responsables de leur négligence comme des mandataires ordinaires (art. 1382, 1850 et 1992 C. N.).

La loi de 1856, dans son article 6, déclara tout membre d'un conseil de surveillance responsable solidairement
avec les gérants et par corps : « 1° Lorsque, sciemment,
il a laissé commettre dans les inventaires des inexactitudes graves, préjudiciables à la société et aux tiers ; —
2° lorsqu'il a, en connaissance de cause, consenti à la

distribution dé dividendes non justifiés par des inventaires
sincères et réguliers. »

Dans les deux cas qu'elle prévoyait, la loi de 1856
aggravait la responsabilité du droit commun en pronon-
çant la solidarité et la contrainte par corps. Mais
fallait-il en déduire cette conséquence qu'en revanche,
elle restreignait à ces deux cas la responsabilité du conseil
de surveillance ?

La jurisprudence hésita sur ce point. — Il fut jugé que
les membres du conseil de surveillance n'étaient soumis
qu'aux causes de responsabilité limitativement énumérées
par la loi de 1856, lorsqu'ils avaient agi sciemment,
mais qu'ils échappaient à la responsabilité qui serait ré-
sultée de leur négligence, d'après le droit commun. On
pensait qu'à raison de la gratuité du mandat des conseils
de surveillance, la loi n'avait voulu atteindre que le dol
et non la simple négligence. (*Sic* Poitiers, D. 59, 2, 212.)

La Cour de Cassation, après avoir d'abord éludé la
question de principe par des considérations de fait (V. D.
61, 1, 339 et 414. — 64, 1, 156), arriva enfin à une solution contraire : elle décida que le droit commun con-
servait son empire concurremment avec les dispositions
de la loi de 1856. (D. 64, 1, 377. V. aussi Cass. D. 65,
2, 192. Lyon, D. 65, 2, 197. Colmar, 67, 2, 179 et 188.)
Il était impossible d'admettre, en effet, que celui qui a
accepté le mandat de surveiller puisse se dégager de toute
responsabilité en ne surveillant pas, et se retrancher
derrière l'absence d'intention frauduleuse. Si la jurisprudence primitive eût persisté, la garantie des actionnaires eût été véritablement illusoire, car il eût presque
toujours été impossible de prouver que les membres du
conseil de surveillance avaient agi sciemment.

La jurisprudence déclara donc les membres du conseil de surveillance responsables envers les actionnaires et les créanciers, lors même qu'ils n'avaient eu ni mauvaise intention, ni complaisance coupable, ni connaissance du véritable état des choses, s'ils n'avaient pas exigé la production d'inventaires réguliers, et n'avaient pas vérifié le portefeuille, les livres et la caisse : vainement auraient-ils objecté les difficultés et les longueurs du travail de vérification, ces difficultés ne pouvant les affranchir de l'accomplissement de leurs devoirs ; la responsabilité était d'ailleurs encourue par ceux mêmes des membres du conseil de surveillance qui n'avaient pas pris part aux opérations de ce conseil, leur abstention étant par elle-même une faute.

Mais en même temps que la jurisprudence admettait ainsi la responsabilité du droit commun, concurremment avec celle de la loi de 1856, elle modérait l'application de cette responsabilité suivant les circonstances.

Elle décidait que les dommages-intérêts alloués en vertu du droit commun n'étaient pas nécessairement égaux à la perte éprouvée par la société, ni prononcés solidairement ; qu'ils pouvaient être répartis inégalement entre les membres du conseil de surveillance. Il y a lieu, en effet, d'apprécier si la négligence du conseil de surveillance est la cause exclusive des pertes de la société, si les actionnaires n'ont pas de leur côté une imprudence à se reprocher, si quelques-uns des membres du conseil n'ont pas été coupables dans une proportion plus forte que les autres ; on peut même prendre en considération le temps pendant lequel les divers membres du conseil de surveillance ont été en fonctions, et proportionner leur responsabilité à la durée de leur exercice. (Orléans, D. 61, 2, 1. Cass. D. 62, 1, 128. Cass. D. 65, 2, 192. Colmar, D. 67, 2, 179 et 188. Angers, D. 67, 2, 19. Cass. D. 68, 1, 177.)

L'art. 9 de la loi de 1867 a supprimé la responsabilité spéciale établie par l'art. 10 de la loi de 1856, et a statué en ces termes : « Les membres du conseil de surveillance n'encourent aucune responsabilité à raison des actes de la gestion et de leurs résultats. Chaque membre du conseil de surveillance est responsable de ses fautes personnelles dans l'exécution de son mandat, conformément aux règles du droit commun. » La responsabilité est donc désormais réglée uniquement par les art. 1382, 1850 et 1992 C. N.; la solidarité de droit n'existe plus ; en un mot, on doit appliquer les règles ordinaires sur le dol ou la faute, et suivre les distinctions indiquées par la jurisprudence pour l'appréciation de la responsabilité : cette responsabilité ne doit avoir lieu que si le préjudice souffert a bien pour cause directe la faute même du conseil de surveillance, par exemple la distribution de dividendes non justifiés (Cass. D. 67, 1, 379) ; enfin, elle doit s'apprécier plus ou moins rigoureusement, selon que le mandat est gratuit ou salarié. (Art. 1992.)

34. — Quant aux commissaires de contrôle dans les sociétés anonymes, ils n'ont jamais été soumis qu'à la responsabilité du droit commun ; et c'est encore cette responsabilité que consacre à leur égard la loi de 1867, art. 43 : « L'étendue et les effets de la responsabilité des commissaires envers la société sont déterminés par les règles générales du mandat. » A leur égard, pas plus

qu'à l'égard des administrateurs, la violation des statuts n'est par elle-même une cause de responsabilité, si cette violation n'est pas la cause directe du préjudice souffert par les actionnaires. (Paris, D. 67, 2, 235 et 238.)

35. — Dans les sociétés en commandite, les actionnaires peuvent avoir une action à exercer, soit contre le gérant, soit contre le conseil de surveillance. Vis-à-vis du gérant, ils se trouvent forcément en concours avec les créanciers de la société, qui ont le gérant pour obligé direct et indéfiniment responsable ; vis-à-vis des membres du conseil de surveillance, ils peuvent aussi se trouver en concours avec ces mêmes créanciers. Quel devra être le résultat de ce concours ?

Vis-à-vis du gérant, l'actionnaire peut avoir une action en responsabilité ou en remboursement de sa commandite, stipulée ou non d'une façon expresse. Mais d'après la jurisprudence (Cass. D. 65, 1, 277), une telle stipulation ne peut avoir d'effet au détriment des créanciers sociaux, et ne doit être exécutée qu'après le payement intégral des créances sociales ; et cette solution est appliquée nonseulement quand il s'agit de poursuivre sur les biens ayant formé l'actif de la société, mais même à l'égard des biens personnels du gérant. Certains auteurs (D. v° Société, n°s 882 et suiv.) proposent au contraire une distinction : ils reconnaissent aux créanciers le droit de se faire payer sur les biens de la société, à l'exclusion des actionnaires ; mais à l'égard des biens personnels du gérant, disent-ils, les actionnaires ne sont pas autre chose que des créanciers personnels de ce gérant, venant en concours avec d'autres créanciers ; on ne peut pas dire qu'ils retirent quelque chose de leur mise ; ils doivent donc concourir avec les créanciers sociaux. Néanmoins la solution de la jurisprudence nous paraît préférable : toutes les fois qu'un actionnaire se fait rembourser par le gérant, on peut dire qu'il retire son apport, et il ne le peut pas au détriment des créanciers sociaux.

A l'égard des membres du conseil de surveillance la question est plus délicate.

On pourrait contester d'abord que les créanciers sociaux eussent une action de leur chef contre les membres du conseil de surveillance à raison du défaut de surveillance. Car si la loi de 1856 les déclarait solidairement responsables envers le gérant, sans distinction entre les actionnaires et les créanciers, la loi de 1867 les déclare seulement responsables de leur mandat ; or ils ne sont les mandataires que des actionnaires, et nullement des créanciers. Cependant, les membres du conseil de surveillance doivent être responsables envers les créanciers, sinon comme mandataires, au moins aux termes de l'art. 1382 C. N., si leur défaut de surveillance a causé un préjudice à ces créanciers.

Ils seront donc alors soumis à une demande en responsabilité et de la part des actionnaires qui ont perdu leurs actions et de la part des créanciers qui ont perdu leurs créances. Mais les actionnaires peuvent-ils être payés en concours avec les créanciers ? Il est possible de soutenir que dans ce cas les créanciers doivent être préférés aux actionnaires. En effet, peuvent dire les créanciers, nous avons pour gage la mise des actionnaires ; nous pourrions exiger qu'elle nous fût versée, si elle ne l'était pas encore ; nous devons de même avoir droit à tout ce que les actionnaires reçoivent comme représentation de cette mise; or l'indemnité qu'ils touchent des membres du conseil de surveillance n'est pas autre chose; un arrêt (D. 67, 2, 179) semble avoir admis cette manière de voir, en disant que les créanciers peuvent agir contre les membres du conseil de surveillance « comme exerçant, aux termes de l'art. 1166 C. N., les droits et actions de leurs débiteurs, les actionnaires, qui sont tenus envers eux jusqu'à concurrence de la commandite. »

Cette doctrine ne nous semble pas admissible. L'actionnaire qui a versé sa mise est complétement libéré vis-à-vis des créanciers sociaux ; il n'est plus débiteur actuel de ces créanciers, condition nécessaire pour l'application de l'art. 1166. D'un autre côté, en se faisant payer des dommages-intérêts par les membres du conseil de surveillance, il ne retire pas sa mise du fonds social, ni des mains du gérant qui représente ce fonds social : il se fait payer par un tiers le montant d'un préjudice qu'il a éprouvé; il touche *propter societatem*, *non ex societate*. Les créanciers sociaux n'ont donc aucun droit sur l'indemnité qui lui est attribuée ; et ils ne peuvent pas se faire payer de préférence à lui sur les biens des membres du conseil de surveillance, leurs débiteurs communs.

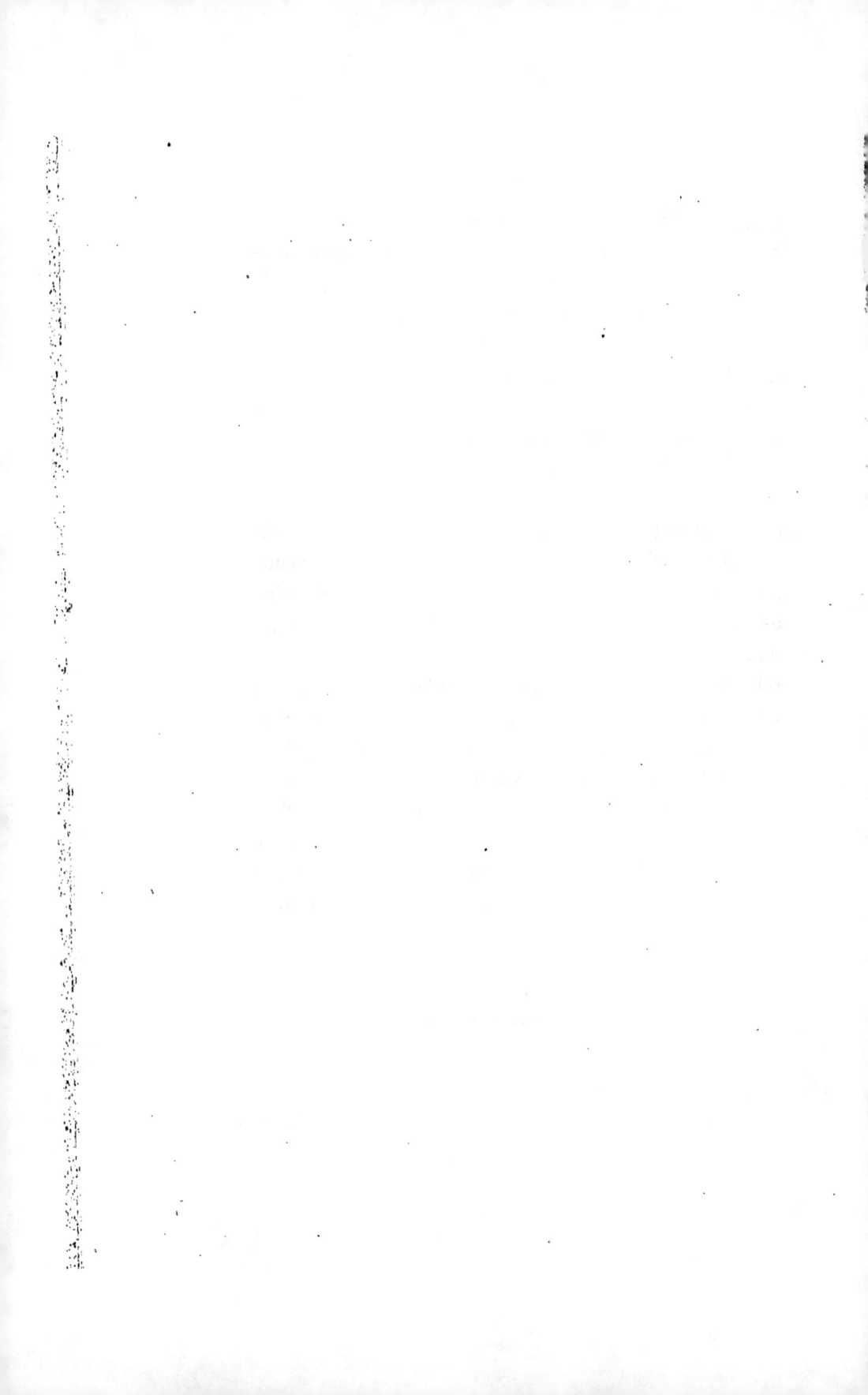

POSITIONS.

—

I. Les parts des associés doivent être égales et non proportionnelles à leurs mises, sauf stipulation contraire.

II. Si un pacte *de non petendo* a été consenti à l'un de deux débiteurs corréaux associés, l'autre peut s'en prévaloir pour le tout.

III. Si un associé a détérioré une chose commune, par suite d'une faute très-légère, pourra-t-il être poursuivi en vertu de la loi Aquilia ? — Il faut distinguer.

IV. Le bénéfice de compétence doit-il être accordé dans toutes les sociétés indistinctement ? — Non.

—

DROIT FRANÇAIS (CODE NAPOLÉON).

I. L'étranger qui a obtenu le divorce dans son pays peut se remarier en France.

II. Les enfants nés hors mariage d'un beau-frère et d'une belle sœur qui se marient après avoir obtenu des dispenses, sont-ils légitimés par le mariage subséquent ? — Oui.

III. L'enfant renonçant compte-t-il pour le calcul de la réserve ? — Non.

IV. La clause de réversibilité d'une rente viagère stipulée au profit du survivant de deux époux mariés sous le régime de la communauté légale est-elle valable ? — Non.

9

PROCÉDURE CIVILE.

I. Les tribunaux français auxquels on demande de rendre exécutoires les jugements rendus à l'étranger peuvent-ils les réviser au fond?— Non.

II. L'héritier qui n'a pas pris qualité, mais qui a été condamné comme héritier pur et simple, à l'égard de certains créanciers, par application de l'art. 800 C. Nap., conserve la faculté de renoncer ou d'accepter bénéficiairement à l'égard des autres créanciers.

—

DROIT PÉNAL.

I. Les tribunaux criminels, saisis d'une poursuite pour banqueroute simple ou frauduleuse, peuvent constater l'état de faillite, sans qu'il y ait de déclaration du tribunal de commerce.

II. L'action du ministère public contre un délit de suppression d'état est suspendue tant qu'il n'y a pas eu jugement définitif de la réclamation d'état, alors même que cette réclamation ne serait pas intentée au moment où il veut former son action.

III. L'accusé qui a laissé passer en force de chose jugée l'arrêt de renvoi et l'ordonnance de prise de corps, ne peut plus former dveant la chambre d'accusation une demande de mise en liberté provisoire.

—

DROIT COMMERCIAL.

I. Les créanciers d'une société en commandite ont une action directe contre les commanditaires pour les contraindre au versement de leur mise.

II. L'obligation des actionnaires d'une société commerciale de verser leur mise ou de rapporter les dividendes indûment perçus est commerciale.

III. Peut-il être valablement convenu que les actionnaires auront droit, dans tous les cas, aux intérêts de leurs mises, lors même qu'il n'y aurait pas de bénéfices? — Non.

IV. Un actionnaire d'une société en commandite peut-il en provoquer la dissolution, aux termes de l'art. 1871 C. Nap., contrairement à l'avis de l'assemblée générale? — Oui.

DROIT ADMINISTRATIF.

I. Les églises sont-elles inaliénables et imprescriptibles? — Oui.

II. La disposition de la loi de 1825, qui soumet à l'autorisation du gouvernement les libéralités faites à des communautés religieuses, n'est pas applicable à la dot apportée par une religieuse, lors de son admission dans la communauté.

Vu par le Président de l'Acte ,

A. LEPETIT ✻.

Vu par le Doyen de la Faculté ,

O. BOURBEAU (O. ✻).

Vu par le Recteur de l'Académie ,

Permis d'imprimer :

A. MAGIN (C. ✻).

« Les visa exigés par les règlements sont une garantie des principes et des
« opinions relatives à la religion, à l'ordre public et aux bonnes mœurs
« (Statut du 9 avril 1825, art. 41), mais non des opinions purement juridi-
« ques, dont la responsabilité est laissée aux candidats. »

« Le candidat répondra en outre aux questions qui lui seront faites sur les
« autres matières de l'enseignement. »

POITIERS. — TYPOGRAPHIE DE HENRI OUDIN.

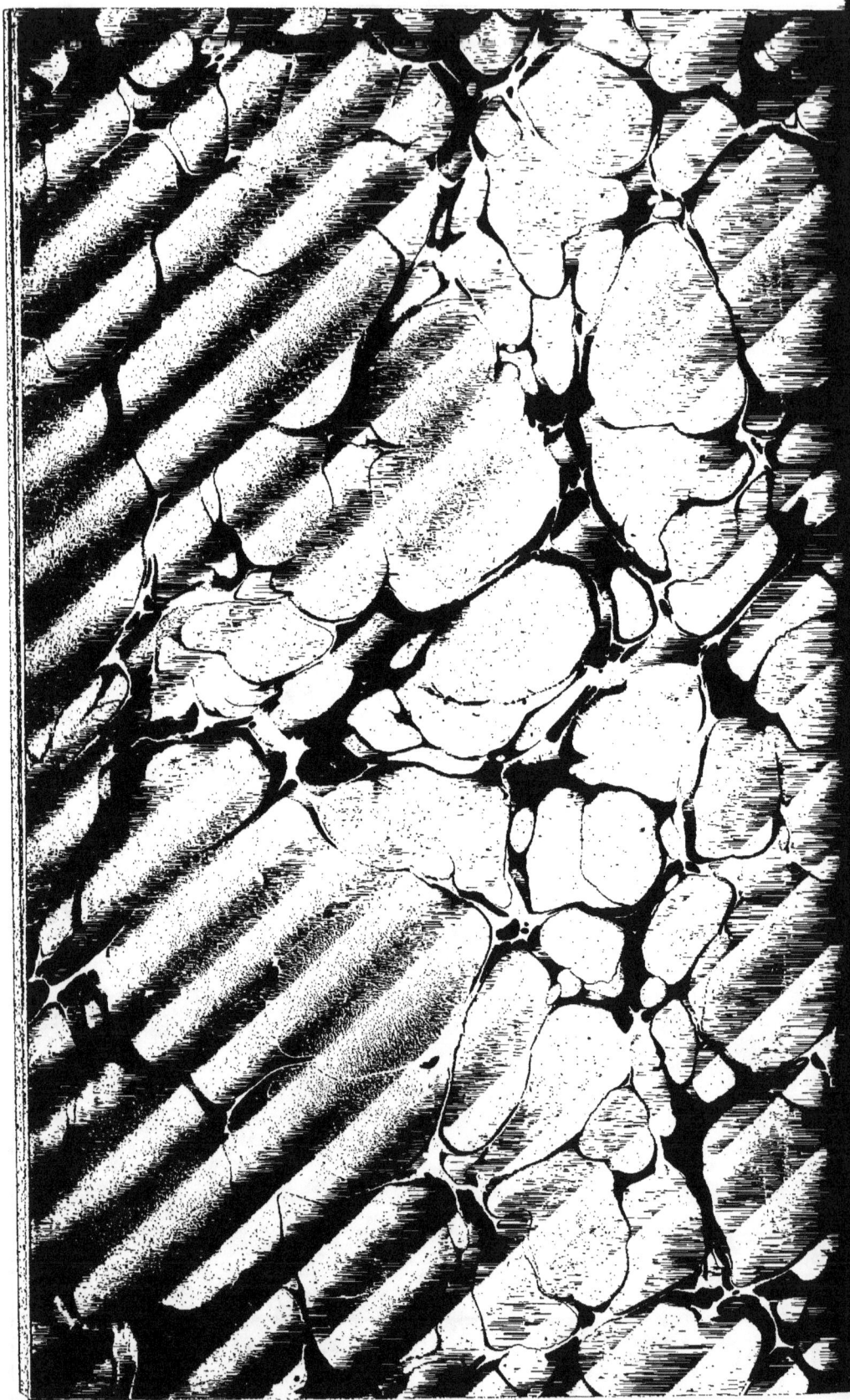

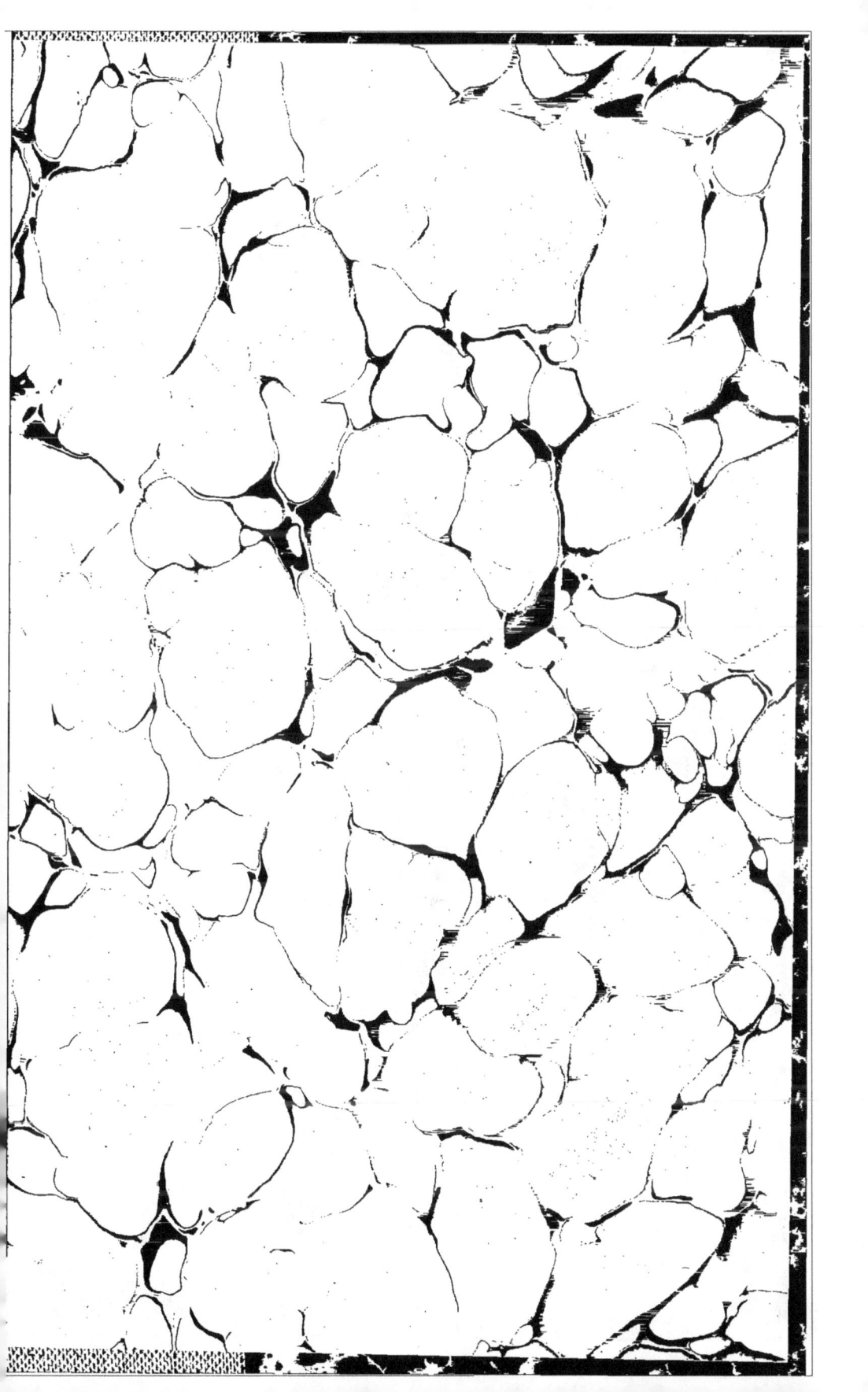

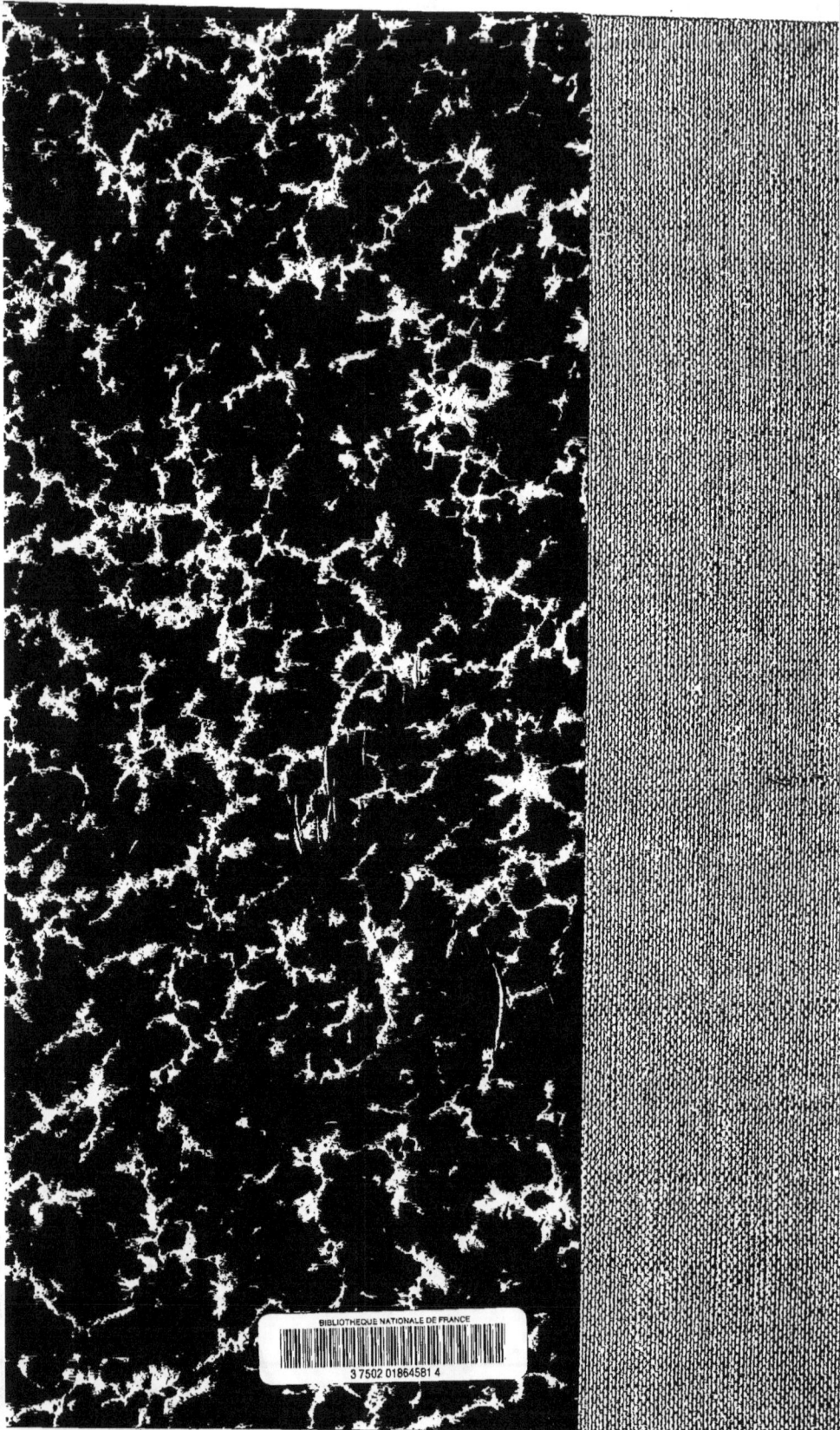